PIZZA FARCITA
BAGUETTE FARCITA
CASARECCIO
COCA COLA
SPRITE
FANTA
THE' FREDDO
ACQUA
BIRRA ALLA SPINA
BIRRA IN BOTTIGLIA

€ 4,00
€ 3,50
DON'T TOUCH

IMPRESSUM

Math. Lempertz GmbH
Hauptstraße 354
53639 Königswinter
Tel.: 02223 / 90 00 36
Fax: 02223 / 90 00 38
info@edition-lempertz.de
www.edition-lempertz.de

LIKE US ON facebook www.facebook.com/MIXtippRezepte
Titelbild: fotolia
Lektorat: Team mixtipp, Christina Meuser

Layout/Satz: Wolfgang Otten
Gesamtherstellung: CPI

ISBN: 978-3-96058-038-6

Fotos: © Sylvia Lühert
© fotolia: mayrum, Vankad, stefania57, rh2010, annapustynnikova, Annett Seidler

FSC www.fsc.org MIX Papier aus verantwortungsvollen Quellen FSC® C083411

CPI Mehr Bäume. Weniger CO_2. www.cpibooks.de/klimaneutral

Herausgegeben von mixtipp Antje Watermann

Sylvia Lühert

Italienische KÜCHE

KOCHEN MIT DEM **THERMOMIX®**

LEMPERTZ

INHALT

DESSERTS/DOLCI

GEBÄCK

Dolce Vita in Königswinter ...

Liebe Thermomixfreunde,

es war beim Badeurlaub an der Adria, als sich Sylvia Lühert verliebte – in Italien, das Land, seine Bewohner, ihre Musik und vor allem: das Essen. Seitdem gehen ihr italienische Gerichte von Antipasti bis Zuppa nicht mehr aus dem Kopf.

In diesem Buch verrät sie uns, wie gerne sie in ihrer Küche herumwerkelt – unterstützt von ihrem nimmermüden Assistenten, der ihr viele Arbeitsschritte abnimmt: ihr TM5.

Während im Hintergrund italienische Rock- und Popmusik läuft, wird das kulinarische Urlaubsgefühl inklusive italienischer Lebensfreude perfekt: Wie das funktioniert, zeigt dir die Autorin anhand von über 40 Rezepten, die sie aus ihrem reichhaltigen Fundus exklusiv für das Team mixtipp herausgesucht hat – ein gutes Mittel, um das Fernweh bis zum nächsten Urlaub zu überbrücken!

Herausgeberin, Edition Lempertz

Einleitung

Badeurlaube an der Adria – das sind meine ersten Begegnungen mit Italien gewesen. Wenn meine Eltern meine Schwester und mich zu nachtschlafender Zeit auf dem Autorücksitz unterbrachten und hofften, dass wir bald wegdösten, damit sie in aller Ruhe gen Süden fahren konnten …

Damals fand ich natürlich Pizza und Spaghetti Bolognese himmlisch – und wenn beides gut gemacht ist, finde ich sie heute immer noch lecker. Aber die italienische Küche hat so viel mehr zu bieten. Das habe ich im Laufe vieler Urlaube im Stiefelland entdeckt – und immer, wenn in einer Trattoria, einem Ristorante oder einer Strandbar etwas ganz besonders lecker war, hab ich mit Kellnern, Chefs und Köchen den Kontakt gesucht – und mir die Rezepte aufgeschrieben, die sie mir verraten haben. Ob auf Sardinien, ob in Wolkenstein oder am Gardasee, in Rom oder Bella Venezia… So typisch und so liebenswert: Die Köche waren stolz auf ihre Rezepte und haben keine geheime Kommandosache daraus gemacht, sondern mir bereitwillig verraten, wie all die Köstlichkeiten zubereitet werden. Und diese Vielfalt prägt immer noch meinen Speiseplan.

Ich koche mit Begeisterung in meinem Hobbyraum, der Küche! Und seit 2015 unterstützt mich dabei mein TM5! Er vereinfacht so viele Arbeitsschritte, spart Zeit und ist für mich der perfekte Küchenassistent. Mit ihm habe ich meine italienische Rezeptsammlung „umgearbeitet" – so sind viele Rezepte deutlich schneller zubereitet – und mir bleibt mehr Zeit für die Tischdeko und das schöne „Drumherum", wenn wir Gäste bewirten.

Natürlich gibt es auch mal Hausmannskost und deutsche Küchenklassiker – aber die italienische Küche ist so vielfältig und abwechslungsreich, dass sie meinen Speiseplan wirklich dominiert – mit ihren frischen und gesunden Zutaten. Man isst halt immer ein bisschen Urlaub mit … Für mich ist es wichtig, saisonal zu kochen, mit Gemüse und Früchten, die es dann aus deutschen Landen gibt. Bio ist eine weitere Eigenschaft, die ich gut finde. Wenn eben möglich, verwende ich solche Zutaten. Gibt einfach ein gutes Gefühl!

Irgendein Sternekoch hat mal gesagt, dass der Satz „Das Auge isst mit" Quatsch ist. Was ich wiederum für Quatsch halte! Ich finde, dass ein köstliches Essen einen schön gedeckten Tisch verdient - und ein appetitliches Anrichten auf dem Teller!

Wenn ich in meiner Küche neue italienische Rezepte mit meinem TM5 austüftele, dann läuft im Hintergrund schöne Musik. Für mich ist es je nach Tagesform mal Puccini, aber auch Eros Ramazzotti oder Gianna Nannini – sie alle dürfen mich gerne musikalisch begleiten. Einfach nur „Bella Italia"!

Ich habe meine gesammelten Werke italienischer Kochgenüsse durchforstet und für dich die leckersten Gerichte ausgesucht – von tollen Antipasti bis zu wunderbaren Desserts, die ein Menü perfekt abschließen. Dazwischen Rezepte für all das, was ein italienisches Menü so richtig „rund" macht – köstlicher Fisch, ein schön schlunziges Risotto, selbstgemachte Pasta, aromatisches Pesto, knusprige Grissini, leckere Suppen … Natürlich fehlen auch süße Backwaren nicht, denn was wäre die italienische Küche ohne Cantuccini, Panettone und diese wunderbaren Pasticciotta?

Stell dir dein persönliches Menü zusammen, lass es dir schmecken und genieße die kulinarische Vielfalt, die ich an Italien so liebe.

Buon appetito, deine Sylvia Lühert

VILLANI
12.00
18.00
195.00
22.00
23.00
22.00
27.00
27.50
79.50

VORSPEISEN/ ANTIPASTI

*„Mangia bene,
ridi spesso, ama molto!"*

Iss gut, lache oft, liebe viel!

6 Portionen | 55 Min. | leicht

ZWEIERLEI BRUSCHETTA

Krosse Schnittchen, toller Starter: mit Thunfisch-Kapern-Salat und Paprika-Ziegenkäse.

Zubereitungszeit: 35 Minuten
Backzeit: 20 Minuten,
250°C Grillstufe,
200°C Ober-/Unterhitze
Zutaten für 6 Portionen

- 1 rote Paprikaschote
- 1 gelbe Paprikaschote
- 12 Scheiben Ciabatta, à ca. 1,5 cm dicken Scheiben
- 9 EL Olivenöl
- 2 Knoblauchzehen
- 80 g Ziegenkäsetaler
- 50 g Rucola
- grobes Salz, nach Belieben
- Pfeffer, nach Belieben
- 1 Dose Thunfisch, 190 g Füllmenge
- 1 Bund glatte Petersilie
- 1 Schalotte
- 2 TL Kapern
- 1 EL Balsamico-Essig
- Zucker, nach Belieben

1. Heize den Ofengrill auf 250°C Grillstufe vor. Putze die Paprika, viertele sie, lege sie mit der Hautseite nach oben auf ein Blech und röste die Paprika unter dem heißen Grill im oberen Ofendrittel 8–10 Minuten/ 250°C Grillstufe, bis die Haut schwarz wird. Decke die Paprika anschließend mit feuchtem Küchenpapier ab und lass sie abkühlen.

2. Schalte den Ofen auf 200°C Ober-/Unterhitze um. Breite die Ciabatta-Scheiben auf einem Blech aus. Beträufele sie mit 4 EL Olivenöl und röste sie im heißen Ofen auf der mittleren Schiene 10 Minuten/ 200°C Ober-/Unterhitze. Halbiere 1 Knoblauchzehe und reibe die Schnittstellen leicht über die Brotscheiben.

3. Häute die Paprika und schneide sie in Stücke. Zerkrümele den Ziegenfrischkäse grob, wasche den Rucola und schleudere ihn trocken. Mische alles vorsichtig, verteile die Masse auf 6 Brotscheiben, beträufele sie mit 2 EL Olivenöl und bestreue sie mit Salz und Pfeffer.

4. Lass den Thunfisch abtropfen und zerpflücke ihn grob. Zupfe die Petersilie ab und hacke sie grob. Gib den restlichen Knoblauch, die Schalotte und die Kapern in den Mixtopf und zerkleinere die Zutaten 3 Sekunden/ Stufe 5. Schiebe die Stücke anschließend mit dem Spatel nach unten. Füge 1 EL Öl hinzu und dünste die Mischung 4 Minuten/ 120°C/ Stufe 2 an.

5. Gib Thunfisch und Petersilie in den Mixtopf dazu und vermische alles 10 Sekunden/ Stufe 2. Verteile den Salat auf 6 Brotscheiben. Verrühre Balsamico, Olivenöl, etwas Salz, Zucker und Pfeffer, träufele es über die Thunfischbrote und serviere deine Bruschetta.

mixtipp

Bei der Zubereitung der Bruschetta ertönt Gianna Nannini – „Bello e impossibile".

4 Portionen | 1 h 35–40 Min. | mittel

VITELLO TONNATO

Zubereitungszeit: 10 Minuten
Ruhezeit: ca. 1 Stunde
Backzeit: 25–30 Minuten, 130°C Umluft
Zutaten für 4 Portionen

- 800 g Kalbstafelspitz, aus der dünn zulaufenden Spitze des Schwanzstücks
- Salz, nach Belieben
- Pfeffer, nach Belieben
- 2 EL Öl
- 20 g Butter

Für die Sauce:

- 90 g Olivenöl
- 90 g Maiskeimöl
- 1 Ei, Größe M
- 1 TL Zitronensaft
- 1 TL mittelscharfer Senf
- Pfeffer, nach Belieben
- Salz, nach Belieben
- 185 g Thunfisch, in Öl, Abtropfgewicht 140 g
- 2 Sardellenfilets, in Öl
- 6 EL Kalbsfond
- 60 g Kapernäpfel

1. Schneide zunächst das Fett vom Tafelspitz ab und würze das Fleisch rundherum mit Salz und Pfeffer. Heize den Backofen auf 130°C Umluft vor und erhitze Öl und Butter in einer Pfanne. Brate das Fleisch darin bei mittlerer Hitze rundherum goldbraun an.

2. Gare das Fleisch im vorgeheizten Backofen 25–30 Minuten/130°C Umluft zu Ende. Nimm das Fleisch anschließend aus dem Ofen, wickele es fest in Alufolie und lass es ca. 1 Stunde abkühlen.

3. Stelle eine Kanne auf den Mixtopfdeckel, wiege beide Ölsorten in die Kanne ein und stelle sie zur Seite. Gib Ei, Zitronensaft, Senf, Pfeffer und Salz in den Mixtopf und lass die Mischung 1,5 Minuten/ Stufe 4 emulgieren. Gib dabei das Öl langsam auf den Mixtopfdeckel und lass es in einem dünnen Strahl am Messbecher vorbei auf das laufende Messer träufeln. Sehr wichtig: Die Zutaten müssen zimmerwarm sein.

4. Gib den abgetropften Thunfisch und die Sardellen dazu und püriere die Mischung 20 Sekunden/ Stufe 5 fein. Füge so viel Kalbsfond dazu, bis die Konsistenz leicht fließend ist. Würze die Sauce mit Salz und Pfeffer.

5. Schneide das Kalbsfleisch in dünne Scheiben, richte es auf Tellern an und übergieße es mit der Thunfischsauce. Garniere das Vitello Tonnato mit Kapernäpfeln und serviere es sofort.

mixtipp

Und zum Vitello Tonnato erklingt: „Ti amo" von Umberto Tozzi.

4 Portionen | 1–2 h 25 Min | mittel

RINDER-CARPACCIO

Carpaccio und Caesar Salad in einem: Rinderfilet mit Parmesan-Mayo, Salat und Croûtons getoppt. Passt auch zu Antipasti.

Zubereitungszeit: 25 Minuten
Kühlzeit: 1–2 Stunden
Zutaten für 4 Portionen

- 400 g Rinderfilet, aus der Mitte
- 40 g italienischer Hartkäse, z.B. Parmesan
- 150 g Sonnenblumenöl
- 1 Ei, Größe M
- 20 g Zitronensaft
- 10 g Senf
- Salz, Pfeffer, nach Belieben
- 80 g Salate, nach Belieben, gemischt oder Rucola
- 1 Stiel Basilikum
- 6 Scheiben Baguette à 5 g
- 60 g Olivenöl

mixtipp

Die Fleischqualität ist das A und O beim Carpaccio. Es darf gern leicht marmoriert und sollte unbedingt gut abgehangen sein.

1. Als erstes parierst du das Fleisch sorgfältig. Dafür entfernst du Sehnen und Fettreste. Wickele das Fleisch in Klarsichtfolie, bringe es in Form und drehe die Enden zusammen. Um das Fleisch besser schneiden zu können, lege das Fleisch für ca. 2 Stunden in den Kühlschrank oder für eine Stunde in den Gefrierschrank.

2. Gib 20 g Käse in den Mixtopf und zerkleinere ihn 5 Sekunden/ Stufe 10. Fülle den Käse in eine separate Schüssel um. Die restlichen 20 g Käse zerbröselst du grob mit einer Reibe. Stelle nun eine Kanne auf den Mixtopfdeckel, wiege das Öl in die Kanne ein und stelle es zur Seite.

3. Gib Ei, 10 g Zitronensaft, Senf, Pfeffer und Salz in den Mixtopf und lass die Mischung 1,5 Minuten/ Stufe 4 emulgieren. Gib dabei das Sonnenblumenöl langsam auf den Mixtopfdeckel und lass es in einem dünnen Strahl am Messbecher vorbei auf das laufende Messer träufeln. Sehr wichtig: Die Zutaten müssen zimmerwarm sein.

4. Den fein zerkleinerten Parmesan gibst du zu der Mayonnaise und mischst ihn 10 Sekunden/ Stufe 3 unter. Fülle die Mayonnaise in eine separate Schüssel um und stelle sie kalt.

5. Putze und wasche den Salat und lass ihn gut abtropfen. Zupfe die Basilikumblätter ab. Röste das Brot in einer Pfanne in 20 g Olivenöl auf beiden Seiten knusprig an. Wickele das Fleisch aus und schneide es in 12 dünne Scheiben. Gib die Scheiben nacheinander in einen Gefrierbeutel und plattiere sie.

6. Gib 40 g Olivenöl mit 10 g Zitronensaft, Salz und Pfeffer in den Mixtopf und verrühre die Zutaten 10 Sekunden/ Stufe 3. Bestreiche 4 Teller mit ⅔ der Mischung. Verteile das Fleisch leicht überlappend darauf, brich das Brot in Stücke und richte es mit dem Salat auf dem Fleisch an. Beträufele den Salat mit dem restlichen Zitronenöl. Träufele die Mayonnaise darüber und streue den restlichen Käse und das Basilikum darüber. Serviere das Carpaccio sofort.

mixtipp

Am besten funktioniert Plattieren auf diese Weise: Lege das Fleischstück zwischen zwei Lagen Frischhaltefolie auf die Arbeitsfläche. Nimm einen stabilen Stielkochtopf und klopfe kräftig mit dem Boden auf das Fleisch. Arbeite dabei methodisch von oben nach unten. Eine konstante Dicke ist wichtig, damit das Fleisch gleichmäßig gart.

8 Portionen | 15 Min. | leicht

BRUSCHETTA MIT AVOCADO UND MOZZARELLA

Zubereitungszeit: 15 Minuten
Zutaten für 8 Portionen

- ½ Baguette, ca. 150 g
- 6 EL Olivenöl
- 2 Knoblauchzehen, halbiert
- 1 reife Avocado, ca. 180 g
- Salz, nach Belieben
- Pfeffer, nach Belieben
- 1 Prise Zucker
- 2 EL Zitronensaft
- 300 g Büffelmozzarella
- 4 Stiele frisches Basilikum
- 1 TL geräuchertes Paprikapulver (Pimentón ahumado)
- grobes Meersalz, nach Belieben

1. Schneide als Erstes das Baguette in 8 ca. 2 cm dicke Scheiben. Erhitze 4 EL Olivenöl in einer Pfanne und röste die Baguettescheiben darin portionsweise auf beiden Seiten goldbraun. Reibe anschließend jeweils 1 Seite der Baguettescheiben mit den Knoblauchzehen ein.

2. Schäle die Avocado, halbiere sie und entferne den Kern. Gib das Fruchtfleisch zusammen mit Salz, Pfeffer, 1 Prise Zucker und Zitronensaft in den Mixtopf und verrühre die Zutaten 10 Sekunden/ Stufe 4. Schiebe die Stücke mit dem Spatel nach unten und verrühre die Zutaten weitere 5 Sekunden/ Stufe 4.

3. Lass den Mozzarella abtropfen und schneide ihn in Scheiben. Zupfe die Basilikumblätter ab. Streiche nun die Avocadomasse auf die Baguettescheiben und belege sie außerdem mit Mozzarella und den Basilikumblättern. Beträufele deine Bruschettas mit 2 EL Olivenöl und serviere sie bestreut mit Paprikapulver, Pfeffer und Meersalz.

mixtipp

Im Radio erklingt dazu „Più Bella Cosa" von Eros Ramazotti.

4 Portionen | 5 h 20 Min. | schwer

GEMÜSE-TATAR MIT RICOTTACREME

Zubereitungszeit: 1 Stunde
Ruhezeit: 4 Stunden
Backzeit: 20 Minuten, 200°C Ober-/Unterhitze
Utensilien:
4 Metallringe à 8 cm ø,
4 Soufflé-Förmchen à 125 ml
Zutaten für 4 Portionen

Für das Gemüse-Tatar:

- 180 g Möhren, geschält
- 160 g Staudensellerie
- 1 rote Paprikaschote, ca. 240 g
- 2 Bio-Limetten
- 5 g Zucker
- Salz, nach Belieben
- 1 Prise Piment d'Espelette, ersatzweise Cayennepfeffer
- 60 g Olivenöl

1. Als Erstes putzt du das ganze Gemüse, indem du alles wäschst, die Möhren schälst, den Sellerie abfädelst und die Paprika mit einem Sparschäler schälst. Schneide das Gemüse in 0,5 cm große Würfel. Wasche die Limetten heiß ab, trockne sie ab und reibe 2 TL Schale fein ab. Stelle die Schale abgedeckt beiseite.

2. Presse 50 g Limettensaft aus und mische den Saft mit Zucker, Salz und Piment d'Espelette. Rühre das Olivenöl unter und mische das Gemüse in einer Schüssel mit der Mischung. Lass die Gemüsemischung nun abgedeckt 4 Stunden marinieren.

3. Heize den Backofen auf 200°C Ober-/Unterhitze vor. Röste die Pinienkerne in einer Pfanne ohne Fett goldbraun und lass sie abkühlen. Gib die Tomaten in den Mixtopf und zerkleinere sie 10 Sekunden/ Stufe 5. Füge die Pinienkerne hinzu und zerkleinere die Mischung weitere 5 Sekunden/ Stufe 5. Gib den Ricotta hinzu und vermische alles 10 Sekunden/ Stufe 3.

4. Zupfe die Basilikumblätter von den Stielen und lege einige beiseite. Die restlichen Blätter schneidest du sehr fein und hebst sie mithilfe des Spatels unter die Tomaten-Ricottacreme. Schmecke die Creme abschließend mit Salz und Pfeffer ab und stelle sie kalt.

5. Lege die Blätterteigplatten nebeneinander und lass sie auftauen. Stich mit Hilfe eines Metallrings 4 Plätzchen aus dem Teig aus und lege diese auf ein mit Backpapier belegtes Backblech. Stich die Blätterteigkreise mit einer Gabel mehrfach ein und decke den Teig mit Backpapier ab.

Für die Ricottacreme und den Blätterteig:

30 g Pinienkerne
30 Tomaten, getrocknet, ohne Öl
400 g Ricotta
5 Stiele Basilikum
Salz, nach Belieben
Pfeffer, nach Belieben
2 Blätterteigplatten, rechteckig, TK

6. Beschwere jedes Blätterteigplätzchen mit einem Soufflé-Förmchen, damit der Teig nicht aufgeht. Befülle die Förmchen zur Hälfte mit kochend heißem Wasser. Backe die Plätzchen für 20 Minuten/ 200°C Ober-/Unterhitze auf unterster Schiene im Ofen goldbraun. Nach 15 Minuten wendest du die Plätzchen und lässt sie nach der Backzeit auf einem Rost auskühlen.

7. Mische das Gemüse-Tatar mit der Limettenschale und lass es in einem Sieb abtropfen. Setze 4 Metallringe auf 4 Teller und lege jeweils ein Blätterteigplätzchen in je 1 Metallring. Schichte die Ricottacreme und das Gemüse-Tatar abwechselnd ein und garniere das Gericht mit Basilikum. Hebe die Metallringe kurz vor dem Servieren ab.

4 Portionen | 20 Min. | leicht

MAIS-BLINIS MIT MASCARPONECREME

Zubereitungszeit: 20 Minuten
Zutaten für 4 Portionen

Für die Mais-Blinis :

- 280 g Mais aus der Dose, abgetropft
- 30 g Cornflakes
- 2 Eier, Größe M
- Salz, nach Belieben
- Cayennepfeffer, nach Belieben
- 1 Prise Zucker
- 20 g Maisgrieß
- 20–30 g Mehl, Type 550
- 3 EL Olivenöl zum Braten

Für die Tomaten-Mascarponecreme:

- 80 g in Öl eingelegte Tomaten
- 4 Stängel Basilikum
- Saft von 1 Zitrone
- 300 g Mascarpone
- Salz, nach Belieben
- schwarzer Pfeffer aus der Mühle, nach Belieben
- Basilikum-Blätter für die Deko

1. Als Erstes gibst du Mais, Cornflakes, Eier, Salz, Pfeffer, Zucker, Maisgrieß und Mehl in den Mixtopf und zerkleinerst die Zutaten 3 Sekunden/ Stufe 5. Forme mit einem Esslöffel kleine Küchlein aus der Masse.

2. Erhitze das Olivenöl in einer beschichteten Pfanne und brate die Maisküchlein 3–4 Minuten von jeder Seite braun an. Lege sie anschließend auf Küchenkrepp und lass sie abtropfen.

3. Stelle in der Zwischenzeit die Tomaten-Mascarponecreme her. Dafür lässt du die Tomaten abtropfen, gibst sie in den Mixtopf und zerkleinerst sie 3 Sekunden/ Stufe 5. Schiebe die Stücke mit dem Spatel nach unten.

4. Zupfe die Blätter des Basilikums ab, wasche sie und schneide sie in Streifen. Presse den Saft der Zitrone mit einer Saftpresse aus. Gib die zerkleinerten Basilikumblätter, den Zitronensaft und den Mascarpone in den Mixtopf zu den Tomaten. Verrühre die Zutaten 10 Sekunden/ Stufe 3. Schmecke die Creme abschließend mit Salz und Pfeffer ab.

5. Serviere die Mais-Blinis mit einer Nocke Tomaten-Mascarponecreme und garniere die Teller mit dem restlichen Basilikum.

mixtipp
Sing bei der Zubereitung mit bei Giacomo Puccini: Turandot, Akt 3 – Nessun Dorma!

250 g | 5 Min. | leicht

WALNUSS-PESTO

Zubereitungszeit: 5 Minuten
Utensilien: 1 Glas à 250 ml
Zutaten für ca. 250 g

- 80 g geschälte Walnusshälften
- 50 g Parmesankäse, würfelgroße Stücke, vorzerkleinert
- 1 gestr. TL Meersalz
- ½ TL Rohrzucker
- 20 g Olivenöl
- 1 TL Chili-Öl oder 1 Chilischote
- ca. 100 g Walnussöl

1. Gib zuerst die Walnusshälften und Parmesanwürfel in den Mixtopf und zerkleinere die Zutaten 10 Sekunden/ Stufe 7. Schiebe die Stücke mit dem Spatel nach unten und füge Salz, Rohrzucker, Oliven- und Chili-Öl dazu. Vermische die Zutaten 10 Sekunden/ Stufe 2 und anschließend 5 Sekunden/ Stufe 5.

2. Fülle das fertige Pesto in das Glas und übergieße es mit ca. 100 g Walnussöl. Zur Aufbewahrung muss das Pesto mit Öl bedeckt sein. Lagere es kühl.

mixtipp

Ein paar Nudeln und dieses Pesto drüber: Mehr braucht man nicht, so köstlich!

1 Glas | 50–52 Min. | leicht

TOMATEN-BASILIKUM-PESTO

Zubereitungszeit: 20 Minuten
Ziehzeit: 20 Minuten
Backzeit: 10–12 Minuten, 160°C Ober-/Unterhitze
Utensilien: Backblech, Einfülltrichter, 1 Glas à 250 ml
Zutaten für 1 Glas

- 60 g getrocknete Tomaten
- 50 g gehackte Mandeln
- 75 g Hartkäse, z.B. Pecorino
- 2 Knoblauchzehen
- 1 Bund Basilikum
- 150 g gutes Olivenöl, plus Olivenöl zum Auffüllen des Glases

1. Gib die Tomaten in eine Schüssel, übergieße sie mit kochend heißem Wasser und lass sie 20 Minuten ziehen. Röste die Mandeln auf einem mit Backpapier belegten Blech im vorgeheizten Backofen 10–12 Minuten/ 160°C Ober-/Unterhitze goldbraun. Lass sie anschließend auf einem Teller abkühlen.

2. Gib den Hartkäse in den Mixtopf und zerkleinere ihn 10 Sekunden/ Stufe 10, fülle den Käse anschließend in eine separate Schüssel um. Nun gibst du den Knoblauch in den Mixtopf und zerkleinerst ihn 3 Sekunden/ Stufe 5. Schiebe die Stücke mit dem Spatel nach unten.

3. Zupfe die Basilikumblättchen mit den zarten Stielen ab, wasche 25 g der Blättchen vorsichtig und tupfe oder schleudere sie anschließend trocken. Lass die Tomaten kurz abtropfen und tupfe sie trocken.

4. Gib die Tomaten, die Mandeln, den Käse und das Basilikum zum Knoblauch und zerkleinere die Zutaten 5 Sekunden/ Stufe 8. Schiebe die Stücke mit dem Spatel nach unten und füge anschließend das Olivenöl hinzu. Rühre es 20 Sekunden/ Stufe 3 unter.

5. Fülle das Pesto mithilfe eines Einfülltrichters bis fingerbreit unter den Rand in ein sauberes, wieder verschließbares Glas. Fülle das Glas bis zum Rand mit Öl auf und verschließe es.

Buon Appeti

CAPRI
LIQUORE
PONTI
NAPOLI
26
Caffe

ITALIA-LAZIO

SUPPEN / ZUPPE

„Mailand oder Madrid – Hauptsache Italien!“

Andi Möller

4 Portionen | 43–45 Min. | leicht

TOMATENSUPPE MIT BÜFFELMOZZARELLA

Tomate, Mozzarella, Basilikum – so weit, so bekannt.
Als würzige Suppe mit geröstetem Knoblauchbaguette aber überraschend anders.

Zubereitungszeit: 35 Minuten
Backzeit: 8–10 Minuten, 200°C Ober-/Unterhitze
Zutaten für 4 Portionen

200 g Zwiebeln, geschält, halbiert
3 Knoblauchzehen
8 EL Olivenöl
1200 g reife Tomaten
1–2 EL Zucker und nach Belieben zum Würzen
4 Stiele Basilikum
2 TL getrockneter Oregano
1 TL Salz und nach Belieben zum Würzen
250 g Wasser
80 g Baguette
1 Zweig Rosmarin
Pfeffer, nach Belieben
300 g Mini-Büffelmozzarellakugeln

1. Zunächst gibst du die Zwiebeln und 2 Knoblauchzehen in den Mixtopf und zerkleinerst die Zutaten 3 Sekunden/ Stufe 5. Schiebe die Stücke mit dem Spatel nach unten. Füge 2 EL Olivenöl dazu und dünste die Mischung 4 Minuten/ Varoma/ Stufe 2 glasig. Heize den Backofen auf 200°C Ober-/Unterhitze vor.

2. Schneide die Stielansätze der Tomaten keilförmig heraus, blanchiere die Tomaten 2–3 Minuten in kochendem Salzwasser, schrecke sie ab und häute sie. Zerkleinere die Tomaten anschließend grob und gib sie mit 1–2 EL Zucker, 1 Basilikumstiel, 1 TL Oregano und 1 TL Salz zu der Zwiebel-Knoblauchmischung in den Mixtopf. Füge das Wasser hinzu und lass die Zutaten 20 Minuten/ 80°C/ Stufe 2 ohne Messbecher köcheln.

3. Schneide das Baguette in dünne Scheiben und verteile sie auf einem mit Backpapier belegten Backblech. Zupfe die Rosmarinnadeln ab und hacke sie fein. Den restlichen Knoblauch hackst du ebenfalls fein. Verteile Rosmarin und Knoblauch auf den Brotscheiben und beträufele sie mit 3 EL Olivenöl. Röste die Baguettescheiben 8–10 Minuten/ 200°C Ober-/Unterhitze goldbraun. Nehme sie anschließend heraus und stelle sie beiseite.

4. Püriere die Suppe 20 Sekunden/ Stufe 8–10 langsam ansteigend und würze sie mit Salz, Pfeffer und Zucker. Lass die Suppe weitere 5 Minuten/ 80°C/ Stufe 2 köcheln.

5. Zupfe die restlichen Basilikumblätter ab, lass den Mozzarella abtropfen und breche die Brotscheiben in Stücke. Verteile die Suppe und Mozzarella auf Suppenteller. Bestreue sie mit den zerkleinerten Brotscheiben, den Basilikumblättern und dem restlichen Oregano. Serviere die Suppe beträufelt mit dem restlichen Olivenöl.

2 Portionen | 30 Min. | leicht

TESSINER NUDELEINTOPF

Zubereitungszeit: 30 Minuten
Zutaten für 2 Portionen

- 50 g Parmesan, in groben Stücken
- 1 Stange Porree, geputzt, längs halbiert
- 30 g Olivenöl
- 50 g rohe Schinkenwürfel
- 150 g Hörnchennudeln oder Piccolini
- 800 g Gemüsebrühe
- 1 Dose Kirschtomaten à 400 g, erhältlich in gut sortierten Lebensmittelmärkten wie Edeka, Rewe usw.
- Salz, nach Belieben
- schwarzer Pfeffer aus der Mühle, nach Belieben
- 1 TL getrockneter Oregano
- 1 Prise Zucker

1. Als Erstes zerkleinerst du den Parmesan im Mixtopf 10 Sekunden/ Stufe 10 und füllst ihn in ein Schälchen um.

2. Die geputzte und halbierte Porreestange schneidest du in Streifen. Gib Olivenöl und Schinkenwürfel in den Mixtopf und dünste diese 4 Minuten/ Varoma/ Stufe 2 an. Füge den Porree hinzu und gare ihn 7 Minuten/ 80°C/ Linkslauf/ Stufe 2 mit. Fülle die Mischung anschließend in eine Schale um.

3. Reinige nun den Mixtopf grob. Gib die Nudeln, die Gemüsebrühe und die Kirschtomaten in den Mixtopf, würze mit Salz und Pfeffer und koche die Zutaten 7 Minuten/ 100°C/ Linkslauf/ Stufe 2 auf. Lass die Nudel-Tomaten-Mischung dann weitere 5 Minuten/ 70°C/ Stufe 2 garen.

4. Füge den Oregano, den Zucker und die Lauch-Schinken-Mischung hinzu, schmecke mit Salz und Pfeffer ab und verrühre den Nudeleintopf noch einmal 30 Sekunden/ Linkslauf/ Stufe 2. Bestreue ihn mit dem geriebenen Parmesan.

mixtipp

Und im Radio erklingt: Adriano Celentano mit „Pregherò".

Buon Appe

4 Portionen | 40 Min. | leicht

LOMBARDISCHE KOHLRABICREMESUPPE

Zubereitungszeit: 40 Minuten
Zutaten für 4 Portionen

- 20 g Butter
- 400 g Kohlrabi, geschält, grob zerkleinert
- 75 g Porree, nur das Weiße, in Ringe geschnitten
- 1 Stängel Majoran
- 150 g trockener Weißwein, z.B. Lugana
- 800 g Gemüsebrühe
- Salz, nach Belieben
- schwarzer Pfeffer aus der Mühle, nach Belieben
- 1 Spritzer Zitronensaft
- 200 g Sahne
- 50 g Gorgonzola dolce

1. Gib Butter, Kohlrabi und Porree in den Mixtopf und schwitze das Gemüse 4 Minuten/ Varoma/ Stufe 2 an. Füge die Blättchen vom Majoran, den Weißwein und die Gemüsebrühe hinzu und püriere die Zutaten 30 Sekunden/ Stufe 8–10 langsam ansteigend. Schmecke die Mischung mit Salz, Pfeffer und Zitronensaft ab.

2. Dann fügst du Sahne und 25 g Gorgonzola hinzu und mischst die Zutaten 15 Sekunden/ Stufe 8–10 unter. Anschließend kochst du die Suppe noch einmal 5 Minuten/ 100°C/ Stufe 2 ohne Messbecher auf und lässt sie leicht reduzieren.

3. Verteile die Suppe auf vier vorgewärmte Suppenteller oder -tassen. Den restlichen Gorgonzola verteilst du in dünne Scheibchen geschnitten darüber und servierst die Suppe.

mixtipp

Lugana-Weine stammen aus dem Weinanbaugebiet der Provinz Brescia und der Region Venetien südlich des Gardasees. Der Wein besitzt ein liebliches Aroma mit feinen Nuancen von Bittermandeln und Rosen.

4 Portionen | 40 Min. | leicht

MINESTRONE À LA SPEZIA

So, wie es hierzulande von Region zu Region zum Beispiel unterschiedliche Rezepte für Kartoffelsalat gibt, verhält es sich mit der Minestrone in Italien.
Da hat vermutlich jede Familie ihr ureigenes Rezept… dieses stammt aus Ligurien.

Zubereitungszeit: 40 Minuten
Zutaten für 4 Portionen

- 1 Stange Porree
- 300 g reife Tomaten
- 2 rote Zwiebeln, geschält, halbiert
- 2 Knoblauchzehen
- 150 g Möhren
- 150 g Staudensellerie
- 200 g Zucchini
- 150 g grüne Bohnen
- 30 g Olivenöl
- 2 TL Tomatenmark
- 2 TL getrockneter Oregano
- 1000 g Wasser
- 120 g kleine Muschelnudeln (Conchiglie)
- Salz, nach Belieben
- 80 g Parmesan
- 4 Stiele Basilikum
- schwarzer Pfeffer aus der Mühle, nach Belieben
- 1 Prise Zucker

1. Putze das Gemüse. Halbiere den Porree längs, wasche ihn gründlich und entferne von den Tomaten den Stielansatz.

2. Schneide die Möhren, den Sellerie und den Lauch schräg in ½ cm dicke Scheiben und die Tomaten in grobe Stücke. Schneide die Zucchini in 1 cm dicke Scheiben und halbiere die Bohnen.

3. Gib Zwiebeln und Knoblauch in den Mixtopf und zerkleinere die Zutaten 5 Sekunden/ Stufe 5, schiebe die Stücke mit dem Spatel nach unten. Gib Olivenöl dazu und dünste die Stückchen 3 Minuten/ Varoma/ Stufe 2 an.

4. Gib Möhren, Sellerie und Porree in den Mixtopf und dünste das Gemüse 3 Minuten/ Varoma/ Linkslauf/ Stufe 2. Schiebe die Stücke mit dem Spatel nach unten. Rühre Tomatenmark und Oregano ein und dünste die Mischung 1 Minute/ Varoma/ Linkslauf/ Stufe 2.

5. Gieße 1000 g Wasser dazu und lass die Zutaten 10 Minuten/ 100°C/ Linkslauf/ Stufe 2 köcheln. Füge Tomaten und Bohnen dazu und gare die Zutaten weitere 12 Minuten/ 80°C/ Linkslauf/ Stufe 2.

6. Gare inzwischen die Nudeln in reichlich kochendem Salzwasser nach Packungsanweisung bissfest. Gieße die Nudeln ab, raspele den Käse und schneide das Basilikum fein.

7. Mische die Zucchini unter und gare sie 3 Minuten/ 80°C/ Linkslauf/ Stufe 2 mit. Würze die Minestrone nach deinem Geschmack mit Salz, Pfeffer und Zucker. Gib die Nudeln in Teller und fülle mit der Minestrone auf. Serviere die Minestrone mit Basilikum und Käse bestreut.

mixtipp

Dazu passt Ciabatta (s. S. 100)

I PRODOTTI DEL LAZIO

HAUPTSPEISEN / IL SECONDO

„Alles, was Sie hier sehen, verdanke ich Spaghetti!"

Sophia Loren

4 Portionen | 1 h 10 Min. | mittel

PASTA ALLA NORMA

Siziliens Saucenklassiker betört – hier mit frischen Tomaten, kräftigem gereiftem Schafsricotta und soft frittierten, fast cremigen Auberginen.

Zubereitungszeit: 40 Minuten
Ruhezeit: 30 Minuten
Zutaten für 4 Portionen

- Pinienkerne, nach Belieben
- 2 Dosen Kirschtomaten à 400 g, erhältlich in gut sortierten Lebensmittelmärkten wie Edeka, Rewe usw.
- 3 Auberginen, ca. 700 g
- Salz, nach Belieben
- 1 rote Chilischote
- 2 Knoblauchzehen
- 20 g Olivenöl
- 500 g Öl
- 12 schwarze Oliven, entsteint, in Öl
- Pfeffer, nach Belieben
- 6 Stiele Basilikum
- 400 g Tortiglioni, ersatzweise Rigatoni
- 40 g salziger fester Schafsricotta, gehobelt, erhältlich im italienischen Feinkosthandel

1. Röste als Erstes in einer Pfanne ohne Fett die Pinienkerne hellbraun an und stelle sie in einer Schale beiseite. Ritze die Tomaten ein und blanchiere sie 10–15 Sekunden in einem Topf mit kochendem Wasser. Schrecke sie anschließend in eiskaltem Wasser ab, häute, viertele und entkerne sie und schneide das Fruchtfleisch in feine Würfel.

2. Putze die Auberginen und schneide sie in 3–4 mm dünne Scheiben. Lege die Auberginen nebeneinander auf ein Backblech und bestreue sie mit Salz. Lass die Auberginen 30 Minuten ziehen.

3. Gib Chili und Knoblauch in den Mixtopf, zerkleinere beides 5 Sekunden/ Stufe 5 und schiebe die Stücke mit dem Spatel nach unten. Füge Olivenöl dazu und dünste die Zutaten 4 Minuten/ Varoma/ Stufe 2 an. Gib die Tomaten dazu und koche alles 8 Minuten/ 80°C/ Stufe 2 ein.

4. Lege die Auberginen nebeneinander auf ein Küchentuch, bedecke sie mit einem zweiten Küchentuch und tupfe sie gut trocken. Erhitze Öl in einer großen Pfanne und frittiere darin in 3–4 Portionen die Auberginen goldgelb, lass sie anschließend auf Küchenpapier abtropfen.

5. Gib die Oliven und die Hälfte der Auberginen in die Tomatensauce und lass sie 3 Minuten/ 80°C/ Linkslauf/ Stufe 2 kochen. Schmecke die Sauce mit Salz und Pfeffer ab und stelle sie warm.

6. Zupfe die restlichen Basilikumblätter von den Stielen und gare die Nudeln in reichlich kochendem Salzwasser nach Packungsanweisung bissfest. Gieße die Nudeln ab, gib sie zurück in den Topf und füge die Tomatensauce hinzu. Mische die Nudeln gut mit der Sauce und richte sie auf vorgewärmten Tellern an. Verteile die restlichen Auberginen darüber und bestreue sie mit Ricotta. Garniere deine Pasta mit Basilikum und Pinienkernen und serviere sie sofort.

6 Portionen | 2 h 30-40 Min. | mittel

GNOCCHI MIT AUBERGINEN

Wer ist der Beste im ganzen Land? Gleich drei Käsesorten toppen die Klößchen und nehmen es mit dem kräftigen Sugo aus Auberginen auf.

Zubereitungszeit:
1 Stunde 20 Minuten
Backzeit:
1 Stunde 10–20 Minuten, 200°C Ober-/Unterhitze
Utensilien: Alufolie, Teigkarte oder Messer, Gnocchi-Brett oder Tablett
Zutaten für 6 Portionen

Für die Gnocchi:

- 750 g größere, vorwiegend festkochende Kartoffeln
- 2 Eigelb, Größe M
- ca. 225 g Mehl
- 10 g Salz
- Pfeffer, nach Belieben
- frisch geriebene Muskatnuss, nach Belieben
- etwas Stärke
- etwas Grieß

Für die Sauce:

- 800 g Auberginen
- 150 g Zwiebeln, halbiert
- 300 g kleine Strauchtomaten
- 400 g geschälte Tomaten, aus der Dose
- 80 g Olivenöl
- 1 rote Chilischote, in Ringen
- 1 Prise Zucker
- 1 Büffelmozzarella (ca. 140 g)
- 40 g italienischer Hartkäse (z.B. Grana Padano oder Parmesan)
- 250 g Ricotta
- 4 Stiele Basilikum
- 3 Stiele Oregano
- 1 Bio-Zitrone
- Grieß und Stärke
- Salz und Pfeffer, nach Belieben

mixtipp

Gegarte Gnocchi lassen sich gut einfrieren. Einfach gefroren erhitzen.

Fortsetzung

GNOCCHI MIT AUBERGINEN

1. Als Erstes heizt du den Backofen auf 200°C Ober-/Unterhitze vor. Dann wäschst du die Kartoffeln und wickelst sie einzeln in Alufolie. Gare sie dann auf der untersten Schiene im Backofen 1 Stunde 10–20 Minuten/ 200°C Ober-/Unterhitze.

2. Nimm die Kartoffeln heraus, lass sie kurz abkühlen und pelle sie dann. Gib die Kartoffeln in den Mixtopf und zerkleinere sie 10 Sekunden/ Stufe 10. Füge Eigelb, Mehl, Salz, Pfeffer und Muskat hinzu und knete aus den Zutaten 30 Sekunden/ Stufe 4 einen geschmeidigen Teig. Sollte der Teig zu feucht sein, noch etwas Mehl hinzugeben.

3. Teile den Teig dann in 4 gleich große Portionen. Jede Portion formst du auf der leicht mit Stärke bestäubten Arbeitsfläche zu einer 1,5 cm dicken Rolle. Mithilfe einer Teigkarte oder eines Messers schneidest du nun die Rollen in 2 cm lange Stücke. Bestäube deine Handflächen mit Stärke und forme die Teigstücke zu ovalen Gnocchi. Rolle die Gnocchi entweder kurz mit leichtem Druck über ein Gnocchi-Brett oder drücke mit einer Gabel ein Rillenmuster hinein. Lege die Gnocchi anschließend auf ein mit wenig Grieß bestreutes Brett oder Tablett und decke sie mit einem Tuch ab.

4. Wasche nun die Auberginen und schneide sie in 2 cm große Stücke. Zerkleinere die Zwiebeln im gereinigten Mixtopf 3 Sekunden/ Stufe 5 und fülle sie in eine Schale um.

5. Jetzt viertelst du die frischen Tomaten. Die Dosentomaten gibst du mit dem Saft in eine Schüssel, schneidest die Stielansätze ab und zerdrückst die Tomaten mithilfe einer Gabel. Fülle die Tomatendose mit 100 g Wasser, welches du zu den Tomaten in der Schüssel gibst.

6. Erhitze das Öl in einem breiten Topf und brate darin die Auberginen 10-15 Minuten braun an. Gib Zwiebeln und Chili dazu und brate sie kurz mit. Füge die Dosentomaten hinzu, würze mit Salz, Pfeffer und Zucker. Lass das Sugo 20–25 Minuten bei kleiner bis mittlerer Hitze köcheln. In den letzten 10 Minuten ergänzt du es mit den frischen Tomaten.

7. Währenddessen zupfst du den Mozzarella in grobe Stücke. Lass den Ricotta gut in einem Sieb abtropfen. Gib den Hartkäse in den gereinigten Mixtopf, zerkleinere ihn 10 Sekunden/ Stufe 10 und fülle ihn in ein Schälchen um. Zupfe die Kräuterblätter von den Stielen. Reibe mithilfe einer feinen Reibe die Zitronenschale in eine Schale.

8. Dann verteilst du die Gnocchi im Varoma und auf dem Varoma-Einlegeboden, verschließt den Varoma, gießt 500 g warmes Wasser in den Mixtopf, setzt den Varoma auf und garst die Gnocchi 20 Minuten/ Varoma/ Stufe 1.

9. Fülle das Sugo in eine vorgewärmte Schüssel und richte die fertigen Gnocchi darauf an. Verteile den Käse obenauf und bestreue die Gnocchi mit Kräutern und Zitronenschale.

6 Portionen | 14 h 30 Min. | schwer

PANSOTTI CON SALSA DI NOCI – GEFÜLLTE TEIGTASCHEN MIT WALNUSSSAUCE

Zubereitungszeit: ca. 2 ½ Stunden
Ruhezeit: 12 Stunden
Utensilien: Nudelmaschine, Pastarädchen
Zutaten für 6 Portionen

Für die Pasta:

- 300 g Weizenmehl, Type 405 oder aus Italien Type 00, Pizzamehl, z.B. von Aurora
- 250 g Hartweizengrieß
- 5 Eier, Größe M
- 20 g Olivenöl
- 50 g Wasser
- 1 Prise Salz

Für die Füllung:

- 400 g Borretsch oder Mangold, alternativ Spinat und Löwenzahn und Kräuter wie Petersilie untermischen
- 2 Eier, Größe M
- 80 g geriebener Parmesan
- 125 g Ricotta
- Paniermehl, nach Belieben
- 5 g Olivenöl
- ½ Bund Majoran
- Muskat, nach Belieben
- Salz, nach Belieben
- Butter für die Pfanne

Für die Sauce:

- 125 g Walnusskerne
- 25 g Pinienkerne
- 25 g Olivenöl
- 1 Scheibe Weißbrot, 2 cm dick, in Milch eingeweicht
- Milch zum Einweichen des Brotes
- Muskat, nach Belieben
- 100 g–150 g Nudelwasser

Fortsetzung und Abbildung Seite 46

Fortsetzung

PANSOTTI CON SALSA DI NOCI – GEFÜLLTE TEIGTASCHEN MIT WALNUSSSAUCE

1. Stelle am Vorabend oder – falls die Teigtaschen für ein Abendessen geplant sind – am besten am Morgen aus den Zutaten einen elastischen, nicht zu harten Teig her. Hierfür Mehl, Grieß, Eier, Öl, Wasser und Salz in den Mixtopf geben und 5 Minuten/ Teigknetstufe zu einem Teig kneten. Lass ihn anschließend in Frischhaltefolie gewickelt mindestens 1 Stunde ruhen.

2. Am Tag des Essens wäschst du für die Füllung das Gemüse und die Kräuter, blanchierst sie kurz in kochendem Wasser, schreckst sie anschließend kurz unter kaltem Wasser ab, drückst sie gut aus, hackst sie fein und wendest die Mischung in einer Pfanne mit zerlassener Butter. Fülle das Gemüse in eine separate Schüssel um.

3. Gib den Parmesan in den Mixtopf und zerkleinere ihn 5 Sekunden/ Stufe 10. Füge zum Gemüse Parmesan, Ricotta, Eier, Öl, Muskat und Majoran hinzu und vermenge alles kurz. Füge etwas Paniermehl hinzu, bis eine recht feste Konsistenz erreicht ist. Schmecke die Masse mit Salz ab.

mixtipp

Da steckt 'ne Menge Arbeit drin, doch es lohnt sich!

4. Viertele den Teig und rolle ihn mit einer Nudelmaschine bis Stufe 7 aus. Auf eine Hälfte des ausgerollten Teigs gibst du kleine Häufchen der Füllung – je ein gestrichener EL Füllung mit 5 cm Abstand in jede Richtung. Dann die zweite Hälfte des Teigs vorsichtig über die belegte Hälfte legen. Es hilft, die zweite Hälfte dazu in Falten zu legen oder auf einen Stock aufzurollen. Schneide die Pansotti dreieckig mit einem Pastarädchen aus. Achte darauf, dass weder Füllung austritt, noch zu viel Teig übersteht.

5. Gare die Pansotti für etwa 7–8 Minuten in reichlich kochendem Salzwasser. Nimm sie anschließend mit einer Schaumkelle aus dem Wasser, lass sie kurz abtropfen und gib sie auf vorgewärmte Teller.

6. Für die Sauce gibst du Walnüsse und Pinienkerne in den Mixtopf und zerkleinerst sie 3 Sekunden/ Stufe 5. Füge Olivenöl, Brot, Muskat sowie 100–150 g Nudelwasser hinzu und vermenge die Zutaten 5 Sekunden/ Stufe 3.

7. Gib die Walnusssauce und etwas Olivenöl über die Pansotti. Serviere sie sofort und streue nach Belieben noch frisch geriebenen Parmesan darüber.

MARCATO
ATLAS 150
WELLNESS

4 Portionen | 1 h 25 Min. | mittel

CANNELLONI BOLOGNESE ALLA NORMA

Zubereitungszeit: 45 Minuten
Backzeit: ca. 40 Minuten, 175°C Umluft
Zutaten für 4 Portionen

- 50 g Parmesan
- 2 Zwiebeln, geschält, halbiert
- 1 Möhre, geschält, in groben Stücken
- 1 Knoblauchzehe
- 10 Stiele Thymian
- 2 EL Olivenöl
- 500 g Hackfleisch, gemischt
- Salz, nach Belieben
- Pfeffer, nach Belieben
- 2 EL Tomatenmark
- 425 g Tomaten, stückig, aus der Dose
- 50 g Butter
- 20 g Mehl
- 250 g Wasser
- 250 g Milch
- 1 TL Instant-Gemüsebrühe
- 600 g junger Spinat
- 125 g Mozzarella
- 2 Tomaten
- 15–18 Cannelloni
- Öl für die Auflaufform

1. Gib als Erstes den Parmesan in den Mixtopf und zerkleinere ihn 5 Sekunden/ Stufe 10. Fülle den Käse anschließend in eine separate Schüssel um. Gib die Zwiebeln in den Mixtopf und zerkleinere sie 3 Sekunden/ Stufe 5. Fülle die Stückchen anschließend in eine separate Schüssel um. Für die Bolognese gibst du die Möhrenstücke und den Knoblauch in den Mixtopf und zerkleinerst beides 5 Sekunden/ Stufe 5. Wasche den Thymian, schüttele ihn trocken und zupfe die Blättchen ab.

2. Erhitze 1 EL Olivenöl in der Pfanne und brate das Hackfleisch unter Rühren feinkrümelig an. Würze es mit Salz und Pfeffer und gib die zerkleinerte Möhre, den Knoblauch und die Hälfte der Zwiebeln dazu. Lass die Mischung 2–3 Minuten weiter braten, rühre anschließend das Tomatenmark unter und schwitze es kurz an.

3. Gib die Tomaten aus der Dose samt dem Saft dazu und zerdrücke sie mit einem Pfannenwender. Rühre den Thymian ein, lass alles aufkochen und dann 25–30 Minuten köcheln. Schmecke die Bolognese sauce abschließend mit Salz und Pfeffer ab.

Fortsetzung Seite 50

Fortsetzung

CANNELLONI BOLOGNESE ALLA NORMA

4. Für die Béchamelsauce gibst du die Butter in den Mixtopf und schmilzt sie 3 Minuten/ 80°C/ Stufe 2. Rühre das Mehl 30 Sekunden/ Stufe 2 ein. Gieße 250 g Wasser und die Milch hinzu und verrühre die Zutaten 1 Minute/ Stufe 3. Füge die Brühe hinzu und lass sie 2 Minuten/ 100°C/ Stufe 2 aufkochen. Anschließend reduzierst du die Temperatur und köchelst die Sauce weitere 5 Minuten/ 80°C/ Stufe 2. Schmecke die Béchamelsauce mit Salz und Pfeffer ab.

5. Putze den Spinat, wasche ihn und lass ihn abtropfen. Erhitze 1 EL Olivenöl in einem Topf und dünste darin die restliche Zwiebel glasig an. Gib den Spinat dazu und lass ihn zusammenfallen. Schmecke den Spinat mit Salz und Pfeffer ab.

6. Heize den Backofen auf 175°C Umluft vor und würfele den Mozzarella fein. Wasche die Tomaten und schneide sie in Scheiben. Fette die Auflaufform mit Öl ein und verteile 2 EL der Béchamelsauce auf dem Boden der gefetteten Auflaufform.

7. Drücke den Spinat leicht aus und verteile ihn in der Auflaufform. Fülle die Bolognesesauce in die Cannelloni und lege sie nebeneinander auf den Spinat. Gieße die restliche Béchamelsauce gleichmäßig darüber. Belege die Cannelloni mit den Tomatenscheiben und streue den Käse darüber.

8. Backe die Cannelloni im vorgeheizten Ofen ca. 40 Minuten/ 175°C Umluft.

mixtipp

Während die Cannelloni im Ofen sind, spielt bei Sylvia im Hintergrund Eros Ramazotti mit „Adesso Tu".

4 Portionen | 1 h 5–8 Min. | mittel

WOLFSBARSCHRÖLLCHEN MIT ORANGENSAUCE

Diese „Involtini di spigola" sind unkompliziert und schmecken fantastisch: süßsäuerliche Sauce zu Wolfsbarsch und feinen Kapern-Oliven-Kartoffeln.

Zubereitungszeit: 50 Minuten
Backzeit: 15-18 Minuten, 200°C Ober-/Unterhitze
Utensilien: Holzspieße, ofenfeste Form 24 cm ø
Zutaten für 4 Portionen

- 8 Stiele Pfefferminze
- 6 Stiele Petersilie
- 2 frische Lorbeerblätter
- 1 kleine Knoblauchzehe
- 3 TL fein abgeriebene Bio-Orangenschale
- 2 TL fein abgeriebene Bio-Zitronenschale
- 30 g Semmelbrösel
- 8 Wolfsbarschfilets à ca. 110 g, ohne Haut, beim Fischhändler vorbestellen, alternativ Schollenfilets
- Salz, nach Belieben
- 600 g Kartoffeln, mittelgroß, fest kochend, geschält, geviertelt
- 2 Zwiebeln, geschält, halbiert
- 3 Stiele Petersilie
- 25 g Olivenöl
- 30 g schwarze Oliven, in Öl, ohne Stein, abgetropft
- 20 g feine Kapern, in Salz, abgespült
- Salz, nach Belieben
- Pfeffer, nach Belieben
- 100 g Wasser
- 20 g Olivenöl
- Fett für die Form

Orangensauce:

- 200 g Orangensaft, frisch gepresst
- 3 EL Zitronensaft
- 2 TL Zucker
- Salz, nach Belieben
- 2 EL Limoncello (italienischer Zitronenlikör), ersatzweise Cointreau
- 30 g Olivenöl

Fortsetzung und Abbildung Seite 52

Fortsetzung

WOLFSBARSCHRÖLLCHEN MIT ORANGENSAUCE

1. Für die Wolfsbarschröllchen zupfst du Minz- und Petersilienblättchen ab und zerkleinerst sie mit dem Lorbeer im Mixtopf 7 Sekunden/ Stufe 7. Fülle die Kräuter anschließend in eine separate Schüssel um. Gib den Knoblauch in den Mixtopf und zerkleinere ihn 3 Sekunden/ Stufe 5. Schiebe die Stücke mit dem Spatel nach unten. Gib Orangen- und Zitronenschale, Kräuter und Brösel zum Knoblauch in den Mixtopf dazu und vermische die Zutaten 10 Sekunden/ Stufe 4.

2. Lege die Fischfilets mit der gehäuteten Seite nach oben nebeneinander auf die Arbeitsfläche und würze sie mit Salz. Verteile die Bröselmischung gleichmäßig auf den Filets und drücke sie an. Rolle die Filets von der kurzen Seite her auf und fixiere sie mit je 1 Holzspießchen. Setze die Röllchen dicht an dicht aufrecht in eine gefettete ofenfeste Form und stelle sie beiseite.

3. Heize den Backofen auf 200°C Ober-/ Unterhitze vor. Für die Olivenkartoffeln schälst du die Kartoffeln, viertelst sie längs und legst sie in kaltes Wasser. Zerkleinere die Zwiebel im Mixtopf 3 Sekunden/ Stufe 5, zupfe die Petersilienblätter von den Stielen und zerkleinere sie.

mixtipp

Während du das Essen genießt, läuft im Hintergrund Umberto Tozzi mit „Gloria".

4. Erhitze das Öl in einer mittelgroßen beschichteten Pfanne und dünste die Zwiebeln darin bei mittlerer Hitze glasig. Gib die abgetropften Kartoffeln, Oliven und Kapern dazu und dünste sie 2 Minuten mit. Würze die Kartoffeln mit Salz und Pfeffer, gib 100 g Wasser dazu und dünste sie abgedeckt bei milder Hitze 20 Minuten.

5. Beträufele die Wolfsbarschröllchen mit Öl und gare sie im vorgeheizten Backofen auf dem Rost auf der 2. Schiene von unten 15–18 Minuten/ 200°C Ober-/Unterhitze.

6. Für die Sauce gibst du Orangen- und Zitronensaft, Zucker und etwas Salz in den Mixtopf und lässt die Mischung 4 Minuten/ 100°C/ Stufe 2 aufkochen. Dann lässt du sie 8 Minuten/ 90°C/ Stufe 2 ohne Messbecher einkochen. Gib den Limoncello dazu und lass die Sauce wieder 3 Minuten/ 100°C/ Stufe 2 ohne Messbecher aufkochen. Dann reduzierst du die Temperatur auf 60°C und lässt das Olivenöl bei Stufe 4 langsam durch die Deckelöffnung einlaufen.

7. Halte die Sauce warm. Mische die Petersilie unter die Kartoffeln und richte sie gemeinsam mit den Wolfsbarschröllchen und der Orangensauce an.

1 Quiche | 2 h 5–15 Min. | leicht

ITALIENISCHE LACHS-SPINAT-QUICHE

Zubereitungszeit: 35 Minuten
Ruhezeit: 40 Minuten
Backzeit: 50–60 Minuten, 175°C Umluft
Backutensilien: 1 Quiche- oder Tarteform, ø 26 cm
Zutaten für 1 Quiche

Für den Teig:

- 150 g Mehl
- 2–3 EL gemahlene Mandeln, ohne Haut
- 125 g kalte Butter
- 1 TL Salz
- 1 Ei, Größe M

Für den Belag:

- 2 Zwiebeln, halbiert
- 2 Knoblauchzehen
- 10 g Öl
- 450 g Blattspinat, TK
- 100 g Wasser
- Salz, nach Belieben
- Pfeffer, nach Belieben
- 600 g Lachsfilet, ohne Haut
- 200 g Schmand
- 3 Eier, Größe M

1. Als Erstes bereitest du den Mürbeteig zu. Hierfür gibst du Mehl, Mandeln, Butter, Salz und Ei in den Mixtopf und knetest aus den Zutaten 3 Minuten/ Teigknetstufe einen glatten Teig. Wickle den Teig in Frischhaltefolie und stelle ihn für ca. 40 Minuten kalt.

2. Zerkleinere nun die Zwiebeln und den Knoblauch im gereinigten Mixtopf 3 Sekunden/ Stufe 5 und schiebe die Stücke mit dem Spatel nach unten. Füge das Öl hinzu und dünste sie 4 Minuten/ Varoma/ Stufe 2 an.

3. Dann gibst du den Spinat und das Wasser dazu und kochst das Gemüse 4 Minuten/ Varoma/ Linkslauf/ Stufe 2 auf. Anschließend lässt du es weitere 15 Minuten/ 80°C/ Linkslauf/ Stufe 2 garen. Entnehme den Messbecher und gare den Spinat weitere 5 Minuten/ 80°C/ Linkslauf/ Stufe 2, bis die gesamte Flüssigkeit verdampft ist. Schmecke mit Salz und Pfeffer ab und fülle den Spinat in eine Schüssel um.

4. Anschließend wäschst du den Fisch, tupfst ihn trocken und schneidest ihn in Würfel. In einer Schüssel mischst du die Lachswürfel mit Salz und Pfeffer. Im gereinigten Mixtopf verrührst du nun Schmand, 3 Eier und die Kräutermischung 30 Sekunden/ Stufe 4. Würze wieder mit Salz und Pfeffer.

5. Jetzt heizt du den Backofen auf 175°C Umluft vor und fettest eine Quiche- oder Tarteform mit Butter ein. Rolle den Teig auf einer mit Mehl bestäubten Arbeitsfläche rund aus, ca. 30–32 cm ø, lege ihn in die Form und drücke den Rand an. Stich den Boden mit einer Gabel mehrmals ein.

1 Päckchen Italienische Kräuter, TK, 25 g
2–3 EL gemahlene Mandeln, ohne Haut
50 g Pinienkerne
Mehl zum Bestäuben
Butter für die Form

6. Bestreue den Boden mit 2–3 EL Mandeln. Verteile dann zuerst den Spinat auf dem Boden und darauf Lachs. Gieße zuletzt den Schmandguss darüber. Bestreue diesen mit den Pinienkernen.

7. Backe die Quiche auf unterster Schiene im Ofen für 50–60 Minuten/ 175°C Umluft. Decke sie eventuell nach 30 Minuten mit Alufolie ab.

mixtipp

Während die Quiche im Ofen bäckt, stimme dich auf Italien ein mit Eros Ramazotti: „Un' Altra Te!".

4 Portionen | 1 h 30 Min. | leicht

ITALIENISCHER HACKBRATEN

Zubereitungszeit: 25 Minuten
Ruhezeit: 15 Minuten
Backzeit: 50 Minuten, 180°C Ober-/Unterhitze
Utensilien: Bräter, 20 x 20 cm
Zutaten für 4 Portionen

- 50 g italienischer Hartkäse, z.B. Grana Padano
- 2 altbackene Brötchen à 40 g
- 50 g schwarze Oliven mit Stein
- 2 Zwiebeln, geschält, halbiert
- 40 g Öl
- 1 Knoblauchzehe
- 2 TL Oregano, getr.
- ½ TL Chiliflocken
- 2 Eier, Größe M
- 500 g gemischtes Hackfleisch
- Salz, nach Belieben
- 400 g Tomaten, stückig, aus der Dose
- 1 Prise Zucker
- Pfeffer, nach Belieben
- 1 Lorbeerblatt

1. Als erstes zerkleinerst du den Hartkäse im Mixtopf 10 Sekunden/ Stufe 10 und füllst ihn in eine Schale um.

2. Halbiere die Brötchen, lege sie in eine Schüssel und bedecke sie mit lauwarmem Wasser. Beschwere sie mit einem Teller und lass sie 15 Minuten einweichen. In der Zwischenzeit lässt du die Oliven in einem Sieb gut abtropfen.

3. Zerkleinere nun im Mixtopf die Zwiebeln 3 Sekunden/ Stufe 5 und fülle davon die Hälfte in ein Schälchen. Schiebe die restlichen Stücke mit dem Spatel nach unten. Füge den Knoblauch hinzu und zerkleinere die Zutaten weitere 3 Sekunden/ Stufe 5. Schiebe die Stücke erneut mit dem Spatel nach unten. Gieße 10 g Öl an und dünste die Gemüsestückchen 4 Minuten/ Varoma/ Stufe 2.

4. Würze die Masse mit Oregano und Chiliflocken, indem du die Gewürze 5 Sekunden/ Stufe 3 untermischst. Anschließend gibst du die Eier und das Hackfleisch dazu. Drücke die Brötchen mit den Händen gut aus und gib sie ebenfalls in den Mixtopf. Anschließend salzst du kräftig und vermengst die Zutaten 3 Minuten/ Teigknetstufe zu einer glatten Hackfleischmasse.

5. Heize nun den Backofen auf 180°C Ober-/Unterhitze vor und erhitze die restlichen 30 g Öl in einer Pfanne. Forme die Hackmasse zu einem ovalen Laib und brate diesen rundherum bei mittlerer Hitze in der heißen Pfanne hellbraun an. Gib ihn dann auf einen Teller.

6. Im gereinigten Mixtopf schwitzt du nun die beiseite gestellten Zwiebeln im Bratensatz aus der Pfanne 5 Minuten/ Varoma/ Stufe 1 an. Gib die Tomaten dazu, würze mit Salz, 1 Prise Zucker, Pfeffer, Lorbeerblatt und den Oliven. Lass die Sauce 5 Minuten/ Varoma/ Stufe 1 köcheln.

7. Anschließend verteilst du die Sauce in einem Bräter und setzt den Hackbraten darauf. Gare den Hackbraten im unteren Ofendrittel 40 Minuten/180°C Ober-/Unterhitze. Bestreue den Hackbraten mit dem Hartkäse und backe ihn weitere 10 Minuten/ 180°C Ober-/Unterhitze fertig.

mixtipp

In Tomatensauce mit Oliven und Oregano wird Hackfleisch schön mediterran. Bellissimo! Dazu passt Bohnengemüse oder Kartoffel-Sellerie-Stampf.

4 Portionen | 40 Min. | mittel

KRÄUTER-RISOTTO MIT FISCH

Zubereitungszeit: 40 Minuten
Zutaten für 4 Portionen

- 100 g Parmesan
- 1 Zwiebel, halbiert
- 2 Frühlingszwiebeln, grob zerkleinert
- 1 Knoblauchzehe
- 20 g Olivenöl
- 300 g Risottoreis
- 100 g trockener Weißwein
- 800 g Geflügelbrühe
- 5 Stiele glatte Petersilie
- 10 Stiele Kerbel
- 800 g Kabeljaufilet
- Salz, nach Belieben
- Pfeffer, nach Belieben
- 40 g Butter
- Saft von 1 Bio-Orange
- 1 TL fein abgeriebene Bio-Zitronenschale
- 1 TL Zitronensaft

1. Für das Risotto zerkleinerst du als Erstes den Parmesan im Mixtopf 10 Sekunden/ Stufe 10 und füllst ihn in eine Schale um.

2. Zerkleinere nun Zwiebel, Frühlingszwiebel und Knoblauch 5 Sekunden/ Stufe 6 und schiebe die Stückchen mit dem Spatel nach unten. Gieße das Olivenöl an und dünste die Gemüsestückchen 4 Minuten/ Varoma/ Linkslauf/ Stufe 2 an.

3. Füge den Reis hinzu und lass ihn 2 Minuten/ 100°C/ Linkslauf/ Stufe 1 mitdünsten. Lösche dann mit Weißwein ab und verrühre diesen 5 Sekunden/ Linkslauf/ Stufe 2.

4. Gib auch die Geflügelbrühe dazu und gare das Risotto 22 Minuten/ 90°C/ Linkslauf/ Stufe 2 ohne Messbecher.

5. Inzwischen wäschst du die Petersilie und den Kerbel, schüttelst die Kräuter trocken und hackst sie fein.

6. Salze und pfeffere dann den Fisch. Erhitze 20 g Butter in einer Pfanne und brate den Fisch von beiden Seiten je 6–7 Minuten an. Stelle die Pfanne anschließend beiseite.

7. Nach Ende der Garzeit den Parmesan, die restlichen 20 g Butter, den Orangensaft und die gehackten Kräuter mithilfe des Spatels unter das Risotto rühren. Lass das Risotto kurz durchziehen und hebe dann mit dem Spatel auch die Zitronenschale und den -saft unter.

8. Schmecke das Risotto noch einmal mit Salz und Pfeffer ab und richte es auf einem Teller mit dem Kabeljaufilet an.

4 Portionen | 2 h 20 Min. | mittel

PARMIGIANA DI MELANZANE

Zubereitungszeit: 40 Minuten
Ruhezeit: 1 Stunde
Backzeit: 40 Minuten, 175°C Umluft
Utensilien: 2 Backbleche, großes Holzbrett, Auflaufform
Zutaten für 4 Portionen

- 2 Auberginen, ca. 600 g
- Salz, nach Belieben
- 100 g Parmesan
- 1 Zwiebel geschält, halbiert
- 2 Knoblauchzehen
- 100 g gutes Olivenöl
- 1 Bund Basilikum
- 850 g Tomaten, aus der Dose, stückig
- Pfeffer, nach Belieben
- Zucker, nach Belieben
- 250 g Mozzarella
- 4 Scheiben Ciabatta (vom Vortag)
- 2–3 EL Butter

1. Lege zunächst zwei Backbleche mit Küchenpapier aus. Putze und wasche die Auberginen und schneide sie in ca. 0,5 cm dicke Scheiben. Lege sie auf die Bleche, salze sie und decke sie mit Küchenpapier ab. Stelle das eine Blech auf das andere, lege ein großes Holzbrett darauf und beschwere es. Lass die Bleche so ca. 1 Stunde stehen.

2. Gib den Parmesan in den Mixtopf und zerkleinere ihn 10 Sekunden/ Stufe 10. Fülle ihn dann in eine separate Schüssel um.

3. Für die Tomatensauce gibst du die Zwiebel und den Knoblauch in den Mixtopf und zerkleinerst beides 5 Sekunden/ Stufe 5. Schiebe die Reste mit dem Spatel nach unten. Füge 30 g Olivenöl hinzu und dünste die Stückchen 4 Minuten/ Varoma/ Stufe 2. Wasche das Basilikum, schüttele es trocken, zupfe die Blättchen ab und schneide sie in Streifen.

4. Gib die Tomaten samt Saft und die Hälfte des Basilikums zu den Zwiebeln und koche die Mischung 3 Minuten/ 100°C/ Stufe 2. Lass sie dann weitere 12 Minuten/ 70°C/ Stufe 2 köcheln. Entferne dabei den Messbecher und schmecke die Sauce abschließend mit Salz, Pfeffer und Zucker ab.

5. Schneide den Mozzarella in dünne Scheiben. Tupfe die Auberginen trocken und erhitze das restliche Öl portionsweise in einer Pfanne. Brate die Auberginen darin portionsweise von jeder Seite goldbraun an. Lass sie auf Küchenpapier gut abtropfen.

6. Heize den Ofen auf 175°C Umluft vor. Gib das restliche Basilikum in die Tomatensauce und rühre es 5 Sekunden/ Stufe 4 unter. Verstreiche eine dünne Schicht Sauce auf dem Boden einer Auflaufform und lege einen Teil der Auberginenscheiben leicht überlappend hinein.

7. Bestreue die Schicht mit 2–3 EL Parmesan. Lege etwas Mozzarella darauf und bedecke alles mit Tomatensauce. Schichte die restlichen Zutaten ebenso ein, bis alle Zutaten bis auf 4 EL Parmesan verbraucht sind. Schließe mit Tomatensauce ab.

8. Backe die Auberginen im heißen Ofen ca. 40 Minuten/ 175°C Umluft. Zerbrösele das Ciabatta grob und mische es mit dem restlichen Parmesan. Streue ca. 10 Minuten vor Backzeitende die Käse-Brot-Mischung auf den Auflauf. Verteile die Butter in Flöckchen darauf und backe die Auberginen zu Ende.

4 Portionen | 35 Min. | leicht

FRITTATA MIT ZUCCHINI UND ZIEGENFRISCHKÄSE

Schmeckt nach Frühling: Frittata mit Zucchini, Erbsen, mildem Ziegenfrischkäse und Minze.

Zubereitungszeit: 15 Minuten
Ruhezeit: 5 Minuten
Backzeit: 15 Minuten, 220°C Ober-/Unterhitze
Utensilien: runde Auflaufform, ø 28 cm
Zutaten für 4 Portionen

- 2 Schalotten, geschält, halbiert
- 2 Knoblauchzehen
- 400 g Zucchini
- 30 g Olivenöl
- 250 g Erbsen, TK
- 8 Stiele Minze
- Salz, nach Belieben
- Pfeffer, nach Belieben
- 8 Eier, Größe M
- 150 g Ziegenfrischkäse

1. Gib die Schalotten in den Mixtopf und zerkleinere sie 5 Sekunden/ Stufe 5. Fülle sie anschließend in eine separate Schüssel um. Gib nun den Knoblauch in den Mixtopf und zerkleinere ihn ebenso 5 Sekunden/ Stufe 5. Fülle auch den Knoblauch in eine separate Schüssel um.

2. Putze und wasche die Zucchini, viertele sie der Länge nach und schneide sie schräg in 2 cm breite Dreiecke. Erhitze das Öl in einer großen Pfanne. Brate die Zucchini und die Schalotten darin unter gelegentlichem Rühren 3 Minuten bei mittlerer bis starker Hitze. Gib den Knoblauch dazu, brate ihn kurz mit und verteile die Mischung anschließend in einer gefetteten Auflaufform. Heize den Ofen auf 220°C Ober-/Unterhitze vor.

3. Gib die Erbsen in ein Sieb, übergieße sie mit heißem Wasser und lass sie abtropfen. Zupfe die Blätter von 6 Stielen Minze ab und hacke sie. Mische die Erbsen und die Minze unter die Zucchinimischung und würze kräftig mit Salz und Pfeffer.

4. Nun gibst du die Eier in den Mixtopf und verquirlst sie 10 Sekunden/ Stufe 5. Verteile die Eier dann über dem Gemüse und gib den Frischkäse in groben Stücken darauf. Backe die Frittata auf der mittleren Schiene 15 Minuten/ 220°C Ober-/Unterhitze.

5. Lass die Frittata anschließend 5 Minuten ruhen und gib sie dann auf eine Platte. Garniere sie mit den restlichen abgezupften Minzblättern.

4 Portionen | 1 h 15 Min. | leicht

PASTA QUATTRO FORMAGGI IN TOMATENSAUCE

Zubereitungszeit: 45 Minuten
Backzeit: 30 Minuten, 175°C Umluft
Utensilien: Auflaufform
Zutaten für 4 Portionen

- 30 g Parmesan
- 2 Zwiebeln, geschält, halbiert
- 2 Knoblauchzehen
- 600 g Fleischtomaten, gewaschen, Stiele entfernt, in groben Stücken
- ½ Bund Oregano
- 20 g Olivenöl
- 3 EL Tomatenmark
- 2 Dosen Kirschtomaten à 400 g, erhältlich in gut sortierten Lebensmittelmärkten wie Edeka, Rewe usw.
- Salz, Pfeffer, nach Belieben
- 10 g Zucker
- 250 g Mozzarella
- 250 g Taleggiokäse
- 300 g Frischkäse, Doppelrahmstufe
- 350 g große Muschelnudeln, z.B. Conchiglioni

1. Gib den Parmesan in den Mixtopf und zerkleinere ihn 5 Sekunden/ Stufe 10. Fülle ihn anschließend in eine separate Schüssel um.

2. Gib die Zwiebeln und den Knoblauch in den Mixtopf, zerkleinere beides 3 Sekunden/ Stufe 5 und schiebe die Stücke mit dem Spatel nach unten. Wasche die Tomaten und zerkleinere sie grob. Wasche den Oregano, schüttele ihn trocken, zupfe die Blättchen ab und hacke sie fein.

3. Gib Öl in den Mixtopf und dünste die Zwiebeln und den Knoblauch darin 4 Minuten/ Varoma/ Stufe 2 an. Füge das Tomatenmark hinzu und schwitze es 1 Minute/ 80°C/ Stufe 2 an. Gib nun Oregano, zerkleinerte Tomaten und Kirschtomaten samt Saft dazu. Lass alles ohne Messbecher 10 Minuten/ 80°C/ Stufe 2 köcheln. Schmecke die Tomatensauce mit Salz, Pfeffer und Zucker ab.

4. Heize inzwischen den Backofen auf 175°C Umluft vor und fette eine große Auflaufform ein. Lass den Mozzarella abtropfen und würfele Taleggio und Mozzarella fein. Verrühre beide Käsesorten mit Frischkäse und würze mit Pfeffer. Fülle die ungekochten Nudeln mit der Käsecreme.

5. Verteile die Hälfte der Nudeln dicht an dicht in der Form. Gieße die Hälfte der heißen Nudelsauce darüber. Setze die übrigen Nudeln darauf und verteile die restliche Sauce darüber. Bestreue die Nudeln abschließend mit Parmesan.

4 Stiele Basilikum	
Fett für die Auflaufform	

6. Gib die Pasta in den Ofen und backe sie 30 Minuten/ 175°C Umluft. Wasche das Basilikum, schüttele es trocken und bestreue die fertige Pasta mit den Blättern.

4 Portionen | 35 Min. | leicht

PASTA CON PESCE – FISCHPASTA

Zubereitungszeit: 35 Minuten
Utensilien: Sägemesser, Mörser
Zutaten für 4 Portionen

- 3 Schalotten, geschält, halbiert
- 60 g Olivenöl
- 30 g Butter
- 100 g Vermouth (z.B. Noilly Prat)
- 100 g Prosecco
- 150 g Fischfond
- 150 g Schlagsahne
- Meersalz, nach Belieben
- Cayennepfeffer, nach Belieben
- 4 Garnelen à 50 g, mit Kopf und Schale
- 250 g Lachsfilet, küchenfertig, ohne Haut
- 250 g Seeteufelfilet, küchenfertig, ohne Haut
- ½ EL Fenchelsaat
- Pfeffer, nach Belieben
- 400 g Tagliatelle, getrocknet oder ca. 500 g frisch
- ½ Bund Petersilie
- 4 Stiele Basilikum

1. Als Erstes schälst und halbierst du die Schalotten und gibst sie in den Mixtopf. Zerkleinere sie anschließend 3 Sekunden/ Stufe 5 und schiebe die Reste mit dem Spatel nach unten. Füge 30 g Olivenöl und 15 g Butter hinzu und dünste die Zutaten 4 Minuten/ 120°C/ Stufe 2 an.

2. Lösche die Zwiebel-Knoblauch-Mischung mit Vermouth und Prosecco ab und gib den Fischfond dazu. Lass die Flüssigkeiten 10 Minuten/ 80°C/ Stufe 2 ohne Messbecher einkochen. Gib nun die Sahne hinzu, würze mit Salz und Cayennepfeffer und püriere die Sauce 20 Sekunden/ Stufe 8–10 schrittweise. Setze dabei den Messbecher unbedingt auf. Halte die Sauce anschließend warm.

3. Halbiere die Garnelen längs mit einem Sägemesser. Wasche sie mit kaltem Wasser ab und tupfe sie mit Küchenpapier trocken. Die Fischfilets schneidest du in ca. 2,5 cm große Würfel. Zerstoße die Fenchelsaat grob mit dem Mörser.

4. Erhitze 30 g Öl in einer großen beschichteten Pfanne. Gib die Garnelen mit der Schale nach unten in das heiße Öl und gib auch die Fischwürfel dazu. Würze alles mit Salz, Pfeffer und Fenchelsaat. Füge 15 g Butter hinzu und brate alles auf jeder Seite ca. 2 Minuten.

5. Koche inzwischen die Nudeln in reichlich kochendem Salzwasser nach Packungsanweisung bissfest. Nimm den Fisch aus der Pfanne und gib dafür die Sahnesauce in die Pfanne. Koche sie erneut auf. Gieße die Nudeln ab, gib sie noch tropfnass in die Sauce und mische sie unter.

6. Verteile die Nudeln und die Sauce auf einer tiefen Platte und verteile den Fisch und die Garnelen darüber. Serviere die Nudeln mit Petersilie und Basilikum verziert.

2 Portionen | 25 Min. | leicht

HÄHNCHEN-SALTIMBOCCA

Zubereitungszeit: 25 Minuten
Utensilien: Zahnstocher
Zutaten für 2 Portionen

- 2 Hähnchenbrustfilets, à 200 g
- 4 Scheiben Parmaschinken
- 8 große Salbeiblätter
- 1 Fleischtomate. ca. 300 g, nicht zu reif
- 1 Knoblauchzehe
- Salz, nach Belieben
- 20 g Butter
- 30 g Olivenöl
- Pfeffer, nach Belieben
- 50 g Zwiebeln, halbiert
- Zucker, nach Belieben
- Zimt, nach Belieben
- Koriandersaat, gemahlen, nach Belieben
- Piment d'Espelette, nach Belieben
- 100 g Weißwein

1. Zuerst halbierst du die Hähnchenbrüste waagerecht. Belege sie mit je 1 Scheibe Parmaschinken und 2 Salbeiblättern und stecke sie dann mit Zahnstochern fest.

2. Reibe die Tomate mit der Haushaltsreibe grob und stelle sie in einer Schale beiseite. Gib den Knoblauch mit etwas Salz in den Mixtopf und zerkleinere ihn 3 Sekunden/ Stufe 5. Fülle ihn anschließend in eine separate Schüssel um.

3. Erhitze in einer gusseisernen Pfanne Butter und Olivenöl, lege das Fleisch auf der Salbeiseite hinein und brate es bei mittlerer Hitze 5 Minuten. Würze die obere Seite mit Salz und Pfeffer, wende das Fleisch und brate es weitere 5 Minuten. Nimm es nun heraus und halte es im Backofen bei 80°C Ober-/Unterhitze warm.

4. Gib nun die Zwiebel in den gereinigten Mixtopf, zerkleinere sie 3 Sekunden/ Stufe 5 und schiebe alles mit dem Spatel nach unten. Füge das Bratfett aus der Pfanne hinzu und dünste die Stückchen 4 Minuten/ Varoma/ Stufe 2 an. Ergänze mit dem gesalzenen Knoblauch und schwitze ihn 1 Minute/ Varoma/ Stufe 2 an.

5. Dann gibst du die geriebene Tomate dazu, würzt mit Salz, ½ TL Zucker und je 1 Prise Zimt, Koriander und Piment d'Espelette. Lösche mit Wein ab und lass die Mischung 5 Minuten/ 100°C/ Stufe 2 ohne Messbecher dicklich einkochen. Schmecke sie anschließend erneut ab.

6. Jetzt nimmst du das Fleisch aus dem Ofen und entfernst vorsichtig die Zahnstocher. Eventuell ausgetretenen Bratensaft gießt du zur Sauce in den Mixtopf und verrührst die Sauce 10 Sekunden/ Stufe 3. Verteile die Sauce auf vorgewärmte Teller, gib das Saltimbocca darauf und serviere das Gericht mit Baguette.

4 Portionen | 40 Min. | mittel

TAGLIATELLE MIT STEINPILZSAUCE

Zubereitungszeit: 20 Minuten
Ruhezeit: 20 Minuten
Utensilien: Kaffeefilter
Zutaten für 4 Portionen

- 25 g getrocknete Steinpilze
- 100 g Zuckerschoten
- 40 g Parmesan
- 1 Zwiebel, halbiert
- 1 Knoblauchzehe
- 20 g Olivenöl
- 70 g Parmaschinken
- 200 g Tagliatelle
- 200 g Sahne
- Salz, nach Belieben
- schwarzer Pfeffer aus der Mühle, nach Belieben

1. Weiche zunächst die Steinpilze in 200 ml heißem Wasser 20 Minuten ein. Wasche währenddessen die Zuckerschoten gut und halbiere sie. Zerkleinere außerdem den Parmesan im Mixtopf 5 Sekunden/ Stufe 10 und fülle ihn in ein Schälchen um.

2. Nun zerkleinerst du im Mixtopf die Zwiebel und den Knoblauch 5 Sekunden/ Stufe 5 und schiebst die Stücke mit dem Spatel nach unten. Gieße das Olivenöl an und dünste die Stückchen 4 Minuten/ Varoma/ Stufe 2.

3. Dann drückst du die Steinpilze gut aus und hackst die Pilze grob. Das Einweichwasser schüttest du durch einen Kaffeefilter und fängst es in einem Behältnis auf. Zupfe den Parmaschinken in Stücke.

4. Koche nun die Tagliatelle nach Packungsanweisung in Salzwasser. 3 Minuten vor Ende der Garzeit gibst du die Zuckerschoten dazu.

5. Gib die Pilze in den Mixtopf und dünste sie mit den Gemüsestückchen 1 Minute/ 100 °C/ Stufe 2. Lösche mit dem aufgefangenen Einweichwasser ab und lass die Flüssigkeit 5 Minuten/ 80°C/ Stufe 2 einkochen.

6. Gieße danach die Sahne an und lass die Sauce weitere 5 Minuten/ 80°C/ Stufe 2 ohne Messbecher köcheln. Rühre den Schinken mithilfe des Spatels unter die Sauce und schmecke die Sauce mit Salz und Pfeffer ab.

7. Bestreue die Tagliatelle mit Steinpilzsauce zum Schluss mit Parmesan.

4 Portionen | 1 h 10 Min. | leicht

LASAGNE AL FORNO

Zubereitungszeit: 40 Minuten
Backzeit: 30 Minuten, 200°C Ober-/Unterhitze
Utensilien: rechteckige Auflaufform, ca. 35 cm x 27 cm
Zutaten für 4 Portionen

- 200 g Emmentaler, in Stücken
- ca. 250 g Lasagneplatten, frisch

Für die Bolognese:

- 1 Knoblauchzehe
- 100 g Zwiebel, geschält
- 130 g Möhren, geschält, zerkleinert
- 30 g Olivenöl
- 500 g Rinderhackfleisch
- 800 g Tomaten, geschält, aus der Dose, abgetropft
- 70 g Tomatenmark
- 2 Würfel Gemüsebrühe
- ¼ TL Pfeffer
- 2 TL Oregano

Für die Béchamelsauce:

- 500 g Milch
- 60 g Butter, in Stücken
- 40 g Mehl
- 1 Prise Muskat
- 1 Prise Pfeffer
- ¾ TL Salz
- 1 Prise Zucker

Die liebe ich besonders! Die geht immer!

1. Gib als Erstes den Emmentaler in den Mixtopf und zerkleinere ihn 5–7 Sekunden/ Stufe 5. Fülle ihn anschließend in eine separate Schüssel um. Heize den Backofen auf 200°C Ober-/Unterhitze vor.

2. Für die Bolognese gibst du Knoblauch, Zwiebeln und Möhren in den Mixtopf und zerkleinerst das Gemüse 5 Sekunden/ Stufe 5. Gib das Olivenöl und das Rinderhackfleisch dazu und dünste die Zutaten 10 Minuten/ 100°C/ Linkslauf/ Stufe 2.

3. Füge die geschälten Tomaten, Tomatenmark, Gemüsebrühe, Pfeffer und Oregano hinzu und verrühre alles 3 Sekunden/ Stufe 4. Anschließend garst du die Bolognese 10 Minuten/ 100°C/ Linkslauf/ Stufe 2 und füllst sie dann in eine separate Schüssel um. Sollte die Hacksauce zu breiig sein und du magst sie lieber etwas grober, einfach das Hackfleisch in einer Pfanne anbraten und erst zum Schluss unter die Sauce mischen.

4. Für die Béchamelsauce gibst du Milch, Butter, Mehl, Muskat, Pfeffer, Salz und Zucker in den Mixtopf und lässt die Sauce 6 Minuten/ 100°C/ Stufe 3 aufkochen. Gieße eine rechteckige Form mit je etwas der beiden Saucen aus. Decke die Saucen abwechselnd mit Lasagneplatten, die man mit der Schere wunderbar zurechtschneiden kann, den beiden Saucen und etwas geriebenem Käse ab. Schichte die Zutaten solange, bis alles aufgebraucht ist. Schließe mit Sauce und Käse ab.

5. Backe die Lasagne im vorgeheizten Ofen ca. 30 Minuten/ 200°C Ober-/Unterhitze.

mixtipp

Wenn du es gerne herzhafter magst, kannst du zwischen die einzelnen Schichten etwas Parmesan streuen.

DESSERTS / DOLCI

„La vita e bella!“

Das Leben ist schön!

6 Portionen | 5–12 h 20 Min. | leicht

SCHNELLES TARTUFO

Blitzeis mit Keks und Schokosauce on top – jetzt kann die Eisdiele dichtmachen!

Zubereitungszeit: 20 Minuten
Kühlzeit: 5–12 Stunden
Utensilien: Nudelholz, gefriertauglicher Kunststoffbehälter
Zutaten für 6 Portionen

170 g Schokowaffeln mit Cremefüllung (z.B. von Bahlsen)
350 g Milch
200 g Eiszauber für Milch (von Diamant)
3 EL Kakaopulver zum Backen
100 g Zartbitterschokolade
150 g Schlagsahne
10 g Kakaopulver

1. Gib die Schokowaffeln in einen Gefrierbeutel und zerbrösele sie am besten mit Hilfe eines Nudelholzes fein.

2. Gib die Milch in den Mixtopf und setze den Schmetterling ein. Füge einen Beutel Eiszauber für Milch hinzu und verrühre die Zutaten 1 Minute/ Stufe 2. Dann schlägst du alles für weitere 2 Minuten/ Stufe 4 cremig auf.

3. Siebe 3 EL Kakaopulver in den Mixtopf und rühre es 10 Sekunden/ Stufe 4 unter. Hebe die Waffelbrösel mithilfe des Spatels unter. Gib die Masse in einen gefriertauglichen Kunststoffbehälter, verschließe ihn und friere das Tartufo für mindestens 5 Stunden, besser über Nacht ein.

4. Für die Schokoladensauce gibst du die Zartbitterschokolade in den Mixtopf und zerkleinerst sie grob 5 Sekunden/ Stufe 5. Fülle die Schokolade anschließend um. Setze den Schmetterling ein, gib die Sahne in den Mixtopf und lass sie 3 Minuten/ 100°C/ Stufe 2 aufkochen. Füge die Schokolade dazu und schmelze sie 3 Minuten/ 70°C/ Stufe 2.

5. Portioniere das Eis zu Kugeln, bestäube es mit 1–2 EL Kakaopulver und serviere es mit der Schokosauce.

mixtipp

Total lecker und seeehr cremig ;-)

4 Portionen | 12 h 50 Min. | leicht

HASELNUSS-PANNA COTTA

Meine Lieblings-Panna cotta! Der Geschmack von der Haselnuss ist einfach umwerfend!

Zubereitungszeit: 20 Minuten
Ruhezeit: 30 Minuten
Kühlzeit: 12 Stunden
Zutaten für 4 Portionen

Für die Panna cotta:

- 1 Vanilleschote
- 40 g Zucker
- 500 g Schlagsahne
- 4 Blätter weiße Gelatine
- 70 g Haselnusspaste, erhältlich im Internet

Für das Physalis-Kompott:

- 40 g Puderzucker
- 3 Saftorangen
- 100 g Physalis
- 2 EL Olivenöl
- ½ TL Speisestärke

1. Als Erstes halbierst du für die Panna cotta die Vanilleschote längs und kratzt das Mark heraus. Gib das Vanillemark und die Vanilleschote mit Zucker und Sahne in den Mixtopf, koche die Zutaten 4 Minuten/ 100°C/ Linkslauf/ Stufe 2 auf und fülle die Mischung in eine Schüssel um. Lass die Vanillesahne ca. 30 Minuten ziehen.

2. In der Zwischenzeit lässt du die Gelatine nach Packungsanweisung in kaltem Wasser einweichen.

3. Nun gießt du die Sahne durch ein feines Sieb zurück in den Mixtopf. Nimm 3 EL der Sahne ab, erwärme sie leicht in einem kleinen Topf und löse darin die Gelatine auf.

4. Gib dann die Haselnusspaste und die aufgelöste Gelatine zur Sahne in den Mixtopf und verrühre alles 20 Sekunden/ Stufe 3. Anschließend füllst du die Panna cotta in 4 Gläser und stellst sie über Nacht kalt.

5. Für das Kompott pulverisierst du zunächst den Zucker im gereinigten Mixtopf 10 Sekunden/ Stufe 10 zu Puderzucker.

6. Jetzt halbierst du die Orangen und presst den Saft aus, sodass du ca. 180 g erhältst. Den Puderzucker lässt du in einem Kochtopf mit dickem Boden unter ständigem Rühren hellbraun karamellisieren. Lösche das Karamell mit dem Orangensaft ab und lass die Flüssigkeit bei mittlerer Hitze auf ungefähr die Hälfte, ca. 100 g, einkochen.

7. Entferne von den Physalis die Blätter und gib sie gemeinsam mit dem Olivenöl in den Orangensaft. In einem Schälchen rührst du mit wenig Wasser die Stärke an, rührst sie in den Topf ein und bindest damit das Physalis-Kompott ca. 2 Minuten auf mittlerer Hitze. Lass das Kompott abkühlen und stelle es ebenfalls über Nacht kalt.

mixtipp

Hole die Panna cotta und das Kompott 1 Stunde vor dem Verzehr aus dem Kühlschrank.

ca. 10–12 Stück | 1 h 10–15 Min. | mittel

PASTICCIOTTO

Zubereitungszeit: 40 Minuten
Backzeit: 30–35 Minuten, 180°C Ober-/Unterhitze
Utensilien: 10–12 Backförmchen, 3 cm x 7 cm
Zutaten für ca. 10–12 Stück

Für die Crema Pasticcera:

- 500 g Milch
- 1 Vanilleschote
- 6 Eigelb, Größe M
- 150 g Zucker
- 50 g Mehl

Für den Mürbeteig:

- 250 g Butter, in Stücken, plus Butter zum Fetten der Förmchen
- 500 g Mehl
- 5 Eigelb, Größe M
- 1 Ei, Größe M
- 200 g Puderzucker
- 1 TL Vanilleextrakt
- 1 Eigelb und etwas Milch zum Bestreichen

1. Für die Zubereitung der in Italien sehr beliebten Crema Pasticcera erhitzt du die Milch mit der Vanille im Mixtopf 2 Minuten/ 80°C. Setze den Schmetterling ein. Das Eigelb vermengst du derweil in einer separaten Schüssel mit dem Zucker und siebst das Mehl in eine weitere Schüssel.

2. Anschließend gibst du das Mehl mit der Eimasse in den Mixtopf hinzu und verrührst alles 10 Minuten/ 80°C/ Stufe 2, bis eine angedickte Masse entsteht. Fülle die Crema um und stelle sie abgedeckt in den Kühlschrank.

3. Für den Mürbeteig gibst du die Butter und das Mehl in den Mixtopf und vermischst beides 1 Minute/ Stufe 4. Die Konsistenz der Mischung sollte sandig sein. Füge Eigelb, Ei, Puderzucker und Vanilleextrakt hinzu und verknete die Zutaten 5 Minuten/ Teigknetstufe. Fülle den Teig um, wickele ihn in Frischhaltefolie ein und lass ihn eine halbe Stunde im Kühlschrank ruhen. Heize währenddessen den Ofen auf 180°C Ober-/Unterhitze vor.

4. Danach rollst du den Teig aus, bis er nur noch einen halben Zentimeter dick ist. Anschließend wird er in die gebutterten Förmchen gelegt. Befülle jedes Backförmchen mit 2 TL der Crema. Den überschüssigen Rand klappst du in die Mitte, dort wird er später schön knusprig.

5. Schlage ein Eigelb in etwas Milch auf und pinsele die Oberfläche der Pasticciotti damit ein. Backe die Förmchen anschließend auf einem Blech 30–35 Minuten/ 180°C Ober-/Unterhitze. Lass die Pasticciotti kurz abkühlen, nachdem du sie aus dem Ofen genommen hast.

mixtipp

Ist die Crema noch warm, schmeckt der Pasticciotto fantastisch.

4 Portionen | 15 Min. | leicht

BLITZ-CASSATA

Zubereitungszeit: 15 Minuten
Utensilien: 4 Dessertschalen
Zutaten für 4 Portionen

- 2 TL abgeriebene Schale und 20 g Saft von 1 Bio-Zitrone
- 500 g Ricotta
- 10 g Vanillezucker
- 40 g dunkle Schokoladenraspel
- 2 EL Pistazienkerne
- 3 EL Amarenakirschen
- 5 EL Amarenakirschensud
- 8 Löffelbiskuits
- 8 EL Maraschino, ersatzweise Kirschwasser

1. Wasche die Zitrone unter heißem Wasser ab, reibe die Schale mit einer feinen Reibe ab und presse den Saft aus. Gib den Ricotta gemeinsam mit Vanillezucker, Zitronenschale und Schokoladenraspeln in den Mixtopf. Verrühre die Zutaten 20 Sekunden/ Linkslauf/ Stufe 3.

2. Hacke anschließend die Pistazienkerne und schneide die Amarenakirschen klein. Mische den Amarenakirschensud mit dem Zitronensaft in einer Schale und gib die zerkleinerten Kirschen dazu.

3. Halbiere die Löffelbiskuits, verteile sie in 4 Dessertschalen und beträufele sie mit Maraschino oder Kirschwasser. Schichte die Ricotta-Mischung und die Amarenakirschen auf die beträufelten Biskuits. Bestreue die Desserts anschließend mit den gehackten Pistazien und serviere sie.

2 Portionen | 15 Min. | leicht

RICOTTA MIT HONIG UND MANDELN

Kein Fest ohne Amaretti – die auch zum typischen Ricotta-Dessert gehören.

Zubereitungszeit: 15 Minuten
Zutaten für 2 Portionen

- Saft und Schale von 1 Bio-Zitrone
- 250 g Ricotta
- 30 g ganze Mandeln, ungeschält
- 4 Amaretti
- 1 EL Waldhonig

1. Wasche zunächst die Zitrone heiß ab und tupfe sie trocken. Anschließend reibst du die Schale mit einer feinen Reibe ab. Presse außerdem 1 ½ EL Zitronensaft aus der Frucht aus.

2. Gib nun die Zitronenschale, den Zitronensaft und den Ricotta in den Mixtopf und rühre die Mischung 20 Sekunden/ Stufe 3 glatt. Fülle die Creme anschließend um und stelle sie kalt.

3. Hacke die Mandeln grob und röste sie in einer Pfanne ohne Fett hellbraun an. Lass sie danach abkühlen. Zerbrösele die Amaretti und erwärme den Honig leicht in einem Topf.

4. Verteile den Zitronen-Ricotta auf 2 Tellern und beträufele ihn mit je ½ EL Honig. Bestreue die Creme mit Mandeln, Amaretti-Bröseln und der restlichen Zitronenschale und serviere das Dessert sofort.

4 Portionen | 2 h 40 Min. | leicht

ZITRONENFLAMMERIE MIT FEIGEN-CARPACCIO

Zubereitungszeit: 40 Minuten
Ruhezeit: 2 Stunden
Utensilien: feines Küchensieb, 4 Portionsförmchen à 150 ml
Zutaten für 4 Portionen

Für den Flammerie:

- Saft und Schale von 2 Bio-Zitronen
- 500 g Schlagsahne
- 2 Eigelb, Größe M
- 50 g Speisestärke
- 150 g Vollmilchjoghurt
- 50 g Zucker
- 1 Prise Salz

Für das Feigen-Carpaccio:

- 1 Vanilleschote
- 1 Zimtstange
- 20 g Puderzucker
- 80 g mildes Olivenöl
- 4 reife Feigen

1. Zuerst wäschst du die Zitronen und reibst diese trocken. Anschließend reibst du die Schale mit einer Reibe fein ab und presst den Saft aus.

2. Setze den Schmetterling in den Mixtopf ein, gib 100 g Sahne mit Eigelb, Speisestärke, 10 EL Zitronensaft und Joghurt in den Mixtopf und rühre die Zutaten 30 Sekunden/ Stufe 3 glatt. Fülle sie anschließend in eine separate Schüssel um.

3. Lass den Schmetterling im Mixtopf, gib 400 g Sahne mit der Zitronenschale, dem Zucker und 1 Prise Salz in den Mixtopf und lass die Mischung 4 Minuten/ 100°C/ Stufe 2 aufkochen.

4. Rühre die Joghurtmasse unter die heiße Zitronensahne 2 Minuten/ 100°C/ Stufe 2. Dann streiche die Masse durch ein feines Küchensieb in eine Schale. Fülle die Zitronencreme in 4 kalt ausgespülte Portionsförmchen. Lass die Flammerie-Creme abkühlen und stelle sie für 2 Stunden kalt.

5. Für das Feigen-Carpaccio halbierst du die Vanilleschote längs und kratzt das Mark heraus. Gib Vanillemark und -schote, Zimt und Puderzucker mit dem Olivenöl in den Mixtopf und erwärme die Mischung 3 Minuten/ 70°C/ Stufe 2. Fülle das Vanille-Zimt-Öl in eine separate Schüssel um und lass es ca. 2 Stunden ziehen.

6. Schneide die Feigen in dünne Scheiben und bepinsele 4 flache Teller mit je 1 EL Vanille-Zimt-Öl. Verteile die Feigen darauf und bestreiche sie mit dem restlichen Vanille-Zimt-Öl. Setze den Flammerie auf den Teller und serviere ihn mit den Feigen.

mixtipp

Zarter Lemon-Geschmack, zerfließt auf der Zunge!

4 Portionen | 2 h 53–55 Min. | schwer

BROMBEER-ZUPPA-INGLESE

Zubereitungszeit: 45 Minuten
Kühlzeit: 2 Stunden
Backzeit: 8–10 Minuten, 200°C Ober-/Unterhitze
Utensilien: Backpapier, Klarsichtfolie, 4 Gläser à 300 ml, ofenfester Flambierbrenner
Zutaten für 4 Portionen

Für den Schokoladenbiskuit:

- 2 Eier, Größe M
- 2 EL lauwarmes Wasser
- 1 Prise Salz
- 40 g Zucker
- 40 g Mehl
- 30 g Speisestärke
- 10 g Kakao
- ½ TL Backpulver
- Zucker für das Backpapier

Für die Vanillecreme:

- 1 Vanilleschote
- 400 g Milch
- 70 g Zucker
- 30 g Speisestärke
- 3 Eier, Größe M
- 1 Prise Salz

1. Heize den Backofen auf 200°C Ober-/Unterhitze vor und setze den Schmetterling in den Mixtopf ein. Für den Biskuit trennst du die Eier und gibst das Eiweiß, 2 EL lauwarmes Wasser und 1 Prise Salz in den Mixtopf. Schlage das Eiweiß 1,5 Minuten/ Stufe 4 unter Beobachtung steif. Lass den Zucker einrieseln und lass den Mixtopf 3 Minuten/ Stufe 4 weiterlaufen. Gib das Eigelb dazu und rühre es 10 Sekunden/ Stufe 3 unter.

2. Nimm den Schmetterling aus dem Mixtopf. Mische Mehl, Stärke, Kakao und Backpulver in einer Schale, gib die Mischung in den Mixtopf und rühre sie 30 Sekunden/ Stufe 3 unter. Streiche den Teig ca. 20 x 20 cm groß auf ein mit Backpapier belegtes Blech. Backe den Biskuit im vorgeheizten Ofen auf mittlerer Schiene 8–10 Minuten/ 200°C Ober-/Unterhitze. Stürze den fertigen Teig auf ein mit Zucker bestreutes Backpapier.

3. Reinige den Mixtopf und setze den Schmetterling wieder ein. Schneide für die Vanillecreme die Vanilleschote längs ein und kratze das Mark heraus. Gib das Vanillemark mit 350 g Milch in den Mixtopf und lass die Mischung 4 Minuten/ 100°C/ Stufe 2 aufkochen.

4. Trenne die Eier und rühre die restlichen 50 g Milch mit 40 g Zucker, Stärke und Eigelb in einem Schälchen glatt. Gib die Mischung zu der heißen Vanille-Milch und lass alles 3 Minuten/ 100°C/ Stufe 2 aufkochen. Fülle die Creme anschließend in eine separate Schüssel um.

5. Reinige den Mixtopf, sodass er fettfrei ist, und setze wieder den Schmetterling ein. Gib 1 Eiweiß und 1 Prise Salz in den Mixtopf und schlage das Eiweiß 1,5 Minuten/ Stufe 4 steif. Hebe den Eischnee mit dem Spatel unter die heiße Vanillecreme. Decke die Creme auf der Oberfläche mit Folie ab und lass sie abkühlen.

6. Für die marinierten Brombeeren wäschst du nun die Orange unter heißem Wasser und trocknest sie ab. Reibe dann die Schale mit einer feinen Reibe ab

Für die marinierten Brombeeren:

- 1 TL abgeriebene Schale von 1 Bio-Orange
- 100 g Orangensaft
- 30 g Zucker
- 2 TL Orangenblütenwasser
- 400 g Brombeeren

Für das Baiser:

- 2 Eiweiß, Größe M, von der Vanillecreme
- 1 Prise Salz
- 100 g Zucker
- 2 TL Puderzucker

und presse den Saft aus. Gib Saft und Schale mit 30 g Zucker in den Mixtopf und lass die Zutaten 4 Minuten/ 100°C/ Stufe 2 aufkochen. Füge das Orangenblütenwasser hinzu und rühre es 10 Sekunden/ Stufe 3 unter.

7. Lass die Marinade lauwarm abkühlen. Verlese währenddessen die Brombeeren und halbiere sie. Gib die Beeren in die lauwarme Marinade in den Mixtopf und lass sie darin 10 Minuten ziehen.

8. Gieße die Brombeeren ab und fange dabei die Marinade auf. Steche aus der Biskuitplatte 8 Kreise à ca. 7 cm ø aus. Beträufele die Kreise mit der aufgefangenen Marinade. Schichte die Vanillecreme abwechselnd mit Biskuit und Brombeeren in 4 Gläser und stelle sie für 2 Stunden kalt.

9. Für das Baiser gibst du 2 Eiweiß mit 1 Prise Salz in den Mixtopf, setzt den Schmetterling ein und schlägst das Eiweiß 1,5 Minuten/ Stufe 4 steif. Lass anschließend den Zucker einrieseln und verrühre die Zutaten weitere 2 Minuten/ Stufe 4.

10. Gib das fertige Baiser auf die Gläser und flämme es mit einem Flambierbrenner leicht an, sodass die Masse leicht bräunlich wird. Serviere die fertige Brombeer-Zuppa-Inglese mit Puderzucker bestäubt.

10 Portionen | 2 h 45 Min. | mittel

CANNOLI – SIZILIANISCHE CREMEROLLEN

Zubereitungszeit: 45 Minuten
Ruhezeit: 2 Stunden
Utensilien: Klarsichtfolie, 10 Sahnerollen-Formen, Spritzbeutel
Zutaten für 10 Portionen

Für die Teigrollen:

- 70 g Butter, in Stücken
- 25 g Zucker
- 2 Eier, Größe M
- 50 g Marsala, ersatzweise Weißwein
- 250 g Mehl
- 1 Prise Zimt
- 1 Prise Salz
- Mehl zum Bearbeiten
- 1500 g Öl zum Ausbacken

Für die Füllung:

- 500 g Ricotta
- 250 g Erdbeeren
- Schale von 1 Bio-Zitrone
- 1 Vanilleschote
- 150 g Schlagsahne
- 200 g Marzipanrohmasse, kalt
- 20 g Puderzucker

1. Als Erstes gibst du für die Teigrollen die Butter in den Mixtopf und zerlässt sie 3 Minuten/ 80°C/ Stufe 2. Füge Zucker, 1 Ei, Marsala, Mehl, Zimt und Salz hinzu und verarbeite die Zutaten 3 Minuten/ Stufe 3 zu einem geschmeidigen Teig. Wickle den Teig anschließend in Klarsichtfolie und stelle ihn für 2 Stunden kalt.

2. Rolle den Teig nach der Ruhezeit auf einer leicht bemehlten Arbeitsfläche ca. 3 mm dünn aus und schneide daraus 10–12 Quadrate à 12 cm Kantenlänge. Verquirle das restliche Ei und fette die Sahnerollen-Formen leicht ein. Lege die Teigplatten um die Sahnerollen-Formen, bestreiche die Teigenden jeweils mit etwas Ei, rolle sie überlappend ein und drücke sie leicht an.

3. Erhitze das Öl in einem Topf auf 170°C. Gib die Teigrollen portionsweise mit einer Schaumkelle in das heiße Öl und lass sie 3–4 Minuten schwimmend darin ausbacken. Hebe sie dann mit einer Schaumkelle heraus und lass sie auf Küchenpapier abtropfen. Ziehe die Sahnerollen-Formen vorsichtig heraus und lass die Teigrollen vollständig auskühlen.

4. Für die Füllung gibst du den Ricotta in ein Sieb und lässt ihn dort 30 Minuten abtropfen. Wasche und verlese die Erdbeeren und würfele sie fein. Wasche die Zitrone unter heißem Wasser ab und reibe die Schale mit einer feinen Reibe ab. Ritze die Vanilleschote längs ein und kratze das Mark heraus.

5. Gib die Sahne in den gereinigten Mixtopf, setze den Schmetterling ein und schlage die Sahne 1,5 Minuten/ Stufe 3 steif. Fülle sie dann in eine separate Schüssel um.

6. Gib Ricotta, Marzipan, Zitronenschale, Vanillemark und 10 g Puderzucker in den Mixtopf und verrühre die Zutaten 1 Minute/Stufe 4. Hebe die Erdbeeren und die Sahne mit dem Spatel unter. Fülle die Masse in einen Spritzbeutel mit großer Lochtülle, fülle die Teigrollen damit, richte sie auf einer Platte an und serviere sie dick mit Puderzucker bestäubt.

4 Gläser | 45 Min. | mittel

ERDBEER-TIRAMISU IM GLAS

Ein tolles Sommerdessert!

Zubereitungszeit: 15 Minuten
Kühlzeit: ca. 30 Minuten
Utensilien: 4 Gläser à 200 ml
Zutaten für 4 Gläser

- 250 g Mascarpone
- 250 g Magerquark
- 2–3 EL Mandellikör
- 50–75 g Zucker
- 250 g Erdbeeren
- 75 Stück Amarettini
- 75 g starker kalter Espresso
- Kakaopulver zum Bestäuben
- Baiser, klein zerbröselt, nach Belieben

1. Gib Mascarpone, Quark, Likör und Zucker in den Mixtopf und rühre die Zutaten 20 Sekunden/ Stufe 3 glatt. Wasche die Erdbeeren und lege 2 Stück beiseite. Die übrigen Erdbeeren putzt du und schneidest sie in Scheiben.

2. Stelle die Erdbeerscheiben an den Glasrand. Lege jeweils ca. 5 Amarettini auf den Glasboden und beträufele sie mit 1 EL Espresso, gib darauf ca. 2–3 EL der Creme. Belege die Creme wiederum mit 5 Amarettini, beträufele diese mit 1 EL Espresso und verteile nochmals 2–3 EL der Creme darauf. Belege die Creme mit Erdbeerscheiben.

3. Gib die übrige Creme auf die Erdbeeren und stelle die Gläser für ca. 30 Minuten kalt. Halbiere 2 Erdbeeren und bestäube dein Tiramisu vor dem Servieren mit Kakao. Verziere die Gläser mit den Erdbeerhälften und zerbröseltem Baiser.

ca. 50 Stück | 1 h 15 Min. | mittel

CANTUCCINI

Zubereitungszeit: 15 Minuten
Ruhezeit: 30 Minuten
Backzeit: 30 Minuten, 180°C/ 160°C Umluft
Utensilien: 1–2 Blechdosen
Zutaten für ca. 50 Stück

- 2 Eier, Größe M
- 250 g Mehl, Type 405
- 180 g Zucker
- 5 g Backpulver
- 2 Pck. Vanillinzucker
- ½ Fläschchen Bittermandelaroma
- 1 Prise Salz
- 25 g Butter, in Flöckchen
- 175 g Mandeln
- Mehl zum Bestäuben

Die schmecken nach mehr!

1. Gib zunächst die Eier in den Mixtopf und verschlage sie 5 Sekunden/ Stufe 4. Danach fügst du Mehl, Zucker, Backpulver, Vanillinzucker, Bittermandelaroma, Salz und Butter hinzu. Verarbeite die Zutaten 3 Minuten/ Teigknetstufe zu einem glatten Teig.

2. Füge die Mandeln hinzu und rühre sie 30 Sekunden/ Linkslauf/ Stufe 3 unter. Bestäube den Teig und die Hände mit etwas Mehl und forme den Teig zu einer Kugel. Der Teig ist sehr feucht und klebrig, lässt sich aber mit etwas Mehl gut formen. Stelle den Teig für ca. 30 Minuten kalt. Heize den Backofen auf 180°C Umluft vor.

3. Schneide den Teig anschließend in 4 gleich große Stücke und forme aus jedem Stück eine 25 cm lange Rolle. Lege ein Backblech mit Backpapier aus und verteile die Rollen mit einem Abstand von 5 cm darauf. Gib die Rollen für 15 Minuten/ 180°C Umluft in den vorgeheizten Ofen.

4. Lass die Rollen danach etwas abkühlen und schneide sie anschließend schräg in etwa 2 cm dicke Scheiben. Lege die Scheiben auf das Backblech, bedecke sie mit Alufolie und gib sie nochmals für 15 Minuten/ 160°C Umluft in den Ofen. Lass die fertigen Cantuccini gut auskühlen und bewahre sie in geschlossenen Blechdosen auf.

CAMPO DE FIORI
CUCINA ROMANA
adizionali e Specialità
MERCATO RISTORANTE · PIZZERIA
Nazionali ed Esteri

EXTRA VIRGIN OLIVE OIL
D.O.P.
CHIANTI CLASSICO
EXTRA VIRGIN OLIVE OIL
EXTRA VIRGIN OLIVE OIL
EXTRA VIRGIN OLIVE OIL
EXTRA VIRGIN OLIVE OIL D.O.P.
TASTE

GEBÄCK

„Ich kann perfekt italienisch essen."

6 Portionen | 3 h 10 Min. | leicht

PIZZA-GRUNDTEIG

Zubereitungszeit: 30 Minuten
Ruhezeit: 2,5 Stunden
Backzeit: ca. 10 Minuten/ 250°C Ober-/Unterhitze
Utensilien: 1 Wanne, 1 Pizzastein oder 1 Backblech
Zutaten für 6 Pizzen à ca. 250 g

- 10 g frische Hefe
- 600 g kaltes Wasser
- 1000 g Pizzamehl, z.B. von Aurora, gesiebt
- 5 g Salz
- Mehl zum Bearbeiten des Teiges

1. Gib die Hefe und 600 g kaltes Wasser in den Mixtopf und verrühre die Zutaten 3 Minuten/ Stufe 3, bis sich die Hefe vollständig aufgelöst hat. Dann gibst du das Mehl und das Salz dazu und vermengst die Zutaten 10 Minuten/ Teigknetstufe zu einem geschmeidigen Teig. Fülle den Teig in eine separate Schüssel um, bedecke diese mit Klarsichtfolie und lass den Teig 1,5 Stunden bei Zimmertemperatur gehen.

2. Forme den Teig auf einer leicht bemehlten Arbeitsfläche zu einer Rolle, achte dabei darauf, nicht zu viel zu kneten. Teile die Rolle in 6 gleich große, ca. 250 g schwere Teile. Forme die Stücke zu Kugeln.

3. Lege die Teigstücke in eine leicht gemehlte Wanne, bestäube sie mit Mehl und bedecke sie mit Klarsichtfolie oder einem Küchentuch. Lass den Teig so 1 Stunde gehen. Heize den Backofen mit einem Pizzastein oder ein Backblech auf unterster Schiene auf 250°C Ober-/Unterhitze vor.

4. Drücke die Teigkugeln mit den Händen nacheinander auf der bemehlten Arbeitsfläche von innen nach außen zu dünnen, runden Pizzen à 25 cm ø.

5. Drücke den entstehenden Rand nicht flach. Belege die Pizzen nach Lust und Laune und Geschmack. Backe die Pizzen anschließend im Ofen auf einem Pizzastein oder dem Backblech ca. 10 Minuten/ 250°C Ober-/Unterhitze.

FABRICATO COME IN ITALIA
PIZZA-MEHL
FARINA
SPECIALE®
PER PIZZA
TIPO 00
1 kg
Weizenmehl Type 405
Rahmer
ER
Müh

1 Kuchen | 2 h–2 h 5 Min. | leicht

ITALIENISCHER PANETTONE

Zubereitungszeit: 20 Minuten
Ruhezeit: 1 Stunde
Backzeit: 40–45 Minuten, 180°C Ober-/Unterhitze
Backutensilien: Panettone-Form, ca. 1,6 l Fassungsvermögen
Zutaten für 1 Kuchen

- 50 g Nuss-Nougat
- 50 g weiße Schokolade
- 300 g Milch
- 50 g Butter, weich, in Stücken
- ½ TL Salz
- 80 g Zucker
- ½ Würfel frische Hefe (21 g)
- 450 g Mehl
- abgeriebene Schale von 1 Bio-Orange
- 50 g ganze Pistazienkerne
- 50 g Orangeat
- 1 Eigelb, Größe M
- Fett für die Form
- Mehl zum Bearbeiten
- Puderzucker zum Bestäuben

1. Als Erstes zerkleinerst du Nougat und Schokolade grob mit einem Messer. Fülle beides in eine Schale um und stelle diese ins Gefrierfach.

2. Für den Teig gibst du Milch, Butter, Salz, Zucker und die Hefe in den Mixtopf und erwärmst die Mischung 3 Minuten/ 37°C/ Stufe 2.

3. Füge das Mehl und die Orangenschale hinzu und verrühre alles 5 Minuten/ Teigknetstufe zu einem glatten, relativ weichen Hefeteig, den du abgedeckt an einem warmen Ort gehen lässt, bis sich sein Volumen deutlich vergrößert hat. Das dauert ungefähr 30 Minuten.

4. Fette die Panettone-Form dünn mit Butter ein.

5. Nun knetest du den Teig erneut 4 Minuten/ Teigknetstufe durch. Mische die Pistazien und das Orangeat 1,5 Minuten/ Teigknetstufe unter, fülle den Teig in eine große Schüssel um und knete die gefrorenen Nougat- und Schokoladenstückchen locker mit den Händen unter. Auf einer gut bemehlten Arbeitsfläche formst du den Teig zu einer Kugel und gibst diese in die Panettone-Form. Decke sie mit einem Handtuch ab und lass den Panettone an einem warmen Ort gehen, bis sich sein Volumen vergrößert hat – ungefähr 30 Minuten lang.

6. Heize zum Ende der Gehzeit hin den Backofen auf 180°C Ober-/Unterhitze vor. Backe den Panettone dann 30 Minuten/ 180°C Ober-/Unterhitze.

7. In einem Schälchen verquirlst du das Eigelb mit 1 EL Wasser und bepinselst damit die Oberfläche des Panettone. Backe den Panettone auf der untersten Schiene 10–15 Minuten/ 180°C Ober-/Unterhitze fertig, bis die Oberfläche goldbraun und glänzend ist. Lass ihn abkühlen und stürze ihn aus der Form. Mit Puderzucker bestäubt servieren.

1 Kastenform | 5–6 h 5 Min. | leicht

TRAMEZZINIBROT, SELBST GEBACKEN

Zubereitungszeit: 15 Minuten
Ruhezeit: 4–5 Stunden
Backzeit: 15 Minuten, 220°C Ober-/Unterhitze, 30–35 Minuten, 180°C Ober-/Unterhitze
Utensilien: 1 Kastenform, 30 cm
Zutaten für 1 Kastenform

- 750 g Mehl, Type 405
- 1 gehäufter TL Salz
- 42 g frische Hefe
- ½ TL Zucker
- 500 g lauwarme Milch
- 1 TL Pflanzenöl

Für 2 Portionen benötigst du:

- 40 g Rauke
- 1 kleine Spitzpaprika
- 2 Scheiben Tramezzinibrot
- 40 g luftgetrocknete, italienische Salami
- 40 g Prosciutto
- 2 EL Olivenöl
- Pfeffer, nach Belieben

1. Gib Mehl, Salz, Hefe, Zucker und Milch in den Mixtopf und verknete die Zutaten 4 Minuten/ Teigknetstufe. Fülle den Teig in eine bemehlte Schüssel um und lass ihn an einem warmen Ort 30–40 Minuten gehen. Pinsele die Kastenform mit Öl ein.

2. Schlage nun den weichen Teig mit dem Löffel vom Rand her zusammen und fülle ihn in die Form. Bemehle deine Hände und fülle den Teig gleichmäßig auch in die Ecken der Kastenform. Heize den Ofen auf 220°C Ober-/Unterhitze vor und lass das Brot nochmals 30 Minuten gehen.

3. Schiebe das Brot anschließend in den Ofen und backe es auf der mittleren Schiene zunächst 15 Minuten/ 220°C Ober-/Unterhitze. Reduziere danach die Hitze auf 180°C Ober-/Unterhitze und backe das Brot weitere 30–35 Minuten fertig. Lass es vor dem Aufschneiden 3–4 Stunden auskühlen.

4. Reibe die Tramezzini mit Olivenöl ein, belege sie mit den Zutaten und würze sie mit Pfeffer.

mixtipp
Mache dir aus dem fertigen Brot leckere Salami- oder Prosciutto-Tramezzini.

2 Ciabatte | 14 h 50–55 Min. | leicht

CIABATTA AUS BELLA ITALIA

Zubereitungszeit: 20 Minuten
Ruhezeit: 14 Stunden
Backzeit: 30–35 Minuten, 180°C Umluft
Utensilien: feuerfeste Schale, eine Handvoll Schrauben, Größe nach Belieben
Zutaten für 2 Ciabatte

500 g Mehl, Type 550
15 g Salz
10 g Hefe
330 g Wasser
60 g Öl

1. Gib das Mehl gemeinsam mit dem Salz, der Hefe, dem Wasser und dem Öl in den Mixtopf und verknete die Zutaten 10 Minuten/ Teigknetstufe. Fülle den Teig anschließend um und lass ihn 2 Stunden ruhen.

2. Teile den Teig nach der Ruhezeit in zwei gleich große Teile, bringe diese in Ciabatta-Form und lass sie weitere 12 Stunden abgedeckt ruhen.

3. Heize den Ofen auf 180°C Umluft vor. Fülle eine feuerfeste Schale mit ein paar Schrauben und lass diese im Ofen mit aufheizen. Ritze die Ciabatte mit einer Klinge ein, schiebe sie in den Ofen und gieße ca. 100 g Wasser auf die Schrauben, denn so wird Dampf erzeugt. Backe die Ciabatte 30–35 Minuten im Ofen.

mixtipp

Zusätzlich kann man auch getrocknete Tomaten, Oliven, Nüsse oder Röstzwiebeln in das Ciabatta mischen. Hierzu einfach 10 % des Mehls weglassen und die Menge durch die gewünschte Zutat ergänzen.

mixtipp

Durch die lange Ruhezeit wird der Teig sehr fluffig, das Brot bekommt eine lockere Porung und einen tollen Geschmack!

4 Portionen | 2 h | leicht

WALNUSS-FOCACCIA

Italiens Hefefladen mit nussigem Biss und Rosmarinwürze. Am besten lauwarm!

Zubereitungszeit: 20 Minuten
Ruhezeit: 80 Minuten
Backzeit: 20 Minuten, 200°C Ober-/Unterhitze
Zutaten für 4 Portionen

- 20 g Hefe
- ½ TL Salz
- 160 g Wasser
- 300 g Weizenmehl, Type 550
- ¼ TL Chiliflocken
- 8 EL Olivenöl
- 50 g Walnusskerne
- 2 Zweige Rosmarin
- grobes Salz, nach Belieben

1. Gib Hefe, Salz und Wasser in den Mixtopf und vermische die Zutaten 3 Minuten/ 37°C/ Stufe 2. Füge Mehl, Chiliflocken und 5 EL Olivenöl zur Hefe dazu und verknete die Zutaten 3 Minuten/ Teigknetstufe zu einem glatten Teig. Lass den Teig anschließend zugedeckt an einem warmen Ort 60 Minuten gehen.

2. Zerkleinere die Walnusskerne im Mixtopf 3 Sekunden/ Stufe 5. Knete die Hälfte unter den Teig und drücke den Teig dann auf einem Blech mit Backpapier mit bemehlten Händen zu einem ovalen Fladen, ca. 30 x 25 cm, flach. Lass den Teig wiederum zugedeckt 20 Minuten gehen.

3. Zupfe die Nadeln von 2 Zweigen Rosmarin ab, hacke sie fein und mische sie mit den restlichen Walnüssen in einer separaten Schüssel. Heize den Ofen auf 200°C Ober-/Unterhitze vor.

4. Drücke mit den Fingerspitzen kleine Mulden in den Teig und beträufele die Mulden mit 3 EL Olivenöl. Backe die Focaccia im heißen Ofen auf der mittleren Schiene 10 Minuten/ 200°C Ober-/Unterhitze. Dann bestreust du die Focaccia mit der Walnuss-Rosmarin-Mischung und etwas grobem Salz und backst sie weitere 10 Minuten. Serviere die Walnuss-Focaccia lauwarm.

ca. 30 Stück	2 h 20–25 Min.	leicht

GRISSINI

Zubereitungszeit: 30 Minuten
Ruhezeit: ca. 1 Stunde und 15 Minuten
Backzeit: 35–40 Minuten, 140°C Umluft
Utensilien: Mörser
Zutaten für ca. 30 Stück

Für den Teig:

- 50 g frische Hefe
- 30 g Zucker
- 300 g Wasser, lauwarm
- 500 g Mehl plus etwas Mehl zum Bestäuben der Arbeitsfläche
- 1 Prise Salz
- 80 g Olivenöl

Für die Gewürz-Öle:

- 5 g Fenchelsaat
- 60 g Olivenöl
- 2 Prisen grobes Meersalz
- 1 TL Kakaopulver
- 5 g Madras-Currypulver

1. Gib Hefe und Zucker mit 300 g lauwarmem Wasser in den Mixtopf und vermische die Zutaten 3 Minuten/ 37°C/ Stufe 2. Füge Mehl, Salz und Öl hinzu und verknete alles 5 Minuten/ Teigknetstufe zu einem glatten Teig. Knete den Teig anschließend auf einer leicht bemehlten Arbeitsfläche kurz mit den Händen durch und lass ihn dann zugedeckt ca. 1 Stunde an einem warmen Ort gehen, bis sich das Teigvolumen deutlich vergrößert hat.

2. Teile den Teig nach der Ruhezeit in 30 gleich große Portionen. Rolle jede Portion dünn zu Grissini-Stangen aus, je ca. 30 cm lang. Lege die Grissini nebeneinander auf zwei mit Backpapier belegte Backbleche und lass sie ca. 15 Minuten gehen. Heize den Backofen auf 140°C Umluft vor.

3. Röste die Fenchelsaat kurz in einer Pfanne ohne Öl und zermahle sie fein in einem Mörser. Verrühre die Fenchelsaat mit 3 EL Öl und 1 Prise Meersalz in einer Schüssel. Bepinsele 20 der Grissini leicht mit dem Fenchelöl. Mische das Kakaopulver mit dem restlichen Öl, Curry und 1 Prise Meersalz in einer Schüssel. Bepinsele die restlichen 10 Grissini mit dieser Mischung.

4. Backe die Grissini im vorgeheizten Backofen auf der 2. Schiene 35–40 Minuten/ 140°C Umluft goldgelb. Nimm die Grissini anschließend heraus und lass sie abkühlen.

mixtipp

MIXT DU SCHON?

Du bist ein Fan des Thermomix?

Du hast kreative Ideen, die du gerne mit deinem Thermomix umsetzt?

Du möchtest immer wieder neue Rezepte mit deinem Thermomix ausprobieren?

Dann suchen wir dich!

Ob internationale Küche, feine Backideen oder saisonale Rezepte, von der Haute Cuisine bis zur Hausmannskost, vom Lieblingsessen für die Kleinen bis zu raffinierten Spezialitäten für die große Party – wir suchen innovative Ideen fürs Kochen mit dem Thermomix!

Wenn du Lust hast, ein Kochbuch mit uns zu machen, Rezepte für eins unserer nächsten Thermomix-Bücher aus deiner persönlichen Sammlung beizusteuern oder deine Tipps und Tricks mit anderen Thermomix-Fans teilen willst, melde dich bei uns:

Edition Lempertz, Team MIXtipp, Hauptstr. 354, 53639 Königswinter
Tel.: 02223 / 900036, Fax: 02223 / 900038
info@edition-lempertz.de, www.edition-lempertz.de

mixtipp

WEITERE TITEL AUS DIESER REIHE

mixtipp:
Schoko-Schmecker

104 Seiten,
Format: 17 x 24 cm,
Klappenbroschur,
durchgehend farbig bebildert,

ISBN: 978-3-96058-039-3, **9,99 €**

Nutella® – allein wenn du den Begriff hörst, läuft dir das Wasser im Mund zusammen? Dann ist diese Rezeptsammlung genau die Richtige für dich! Das Team mixtipp hat sich von dem leckeren Nuss-Nougat-Aufstrich inspirieren lassen und 40 Rezepte rund um die cremige Sünde zusammengestellt. Eine selbstgemachte Nuss-Nougat-Creme zum Sonntagsfrühstück, ein Schokoschmarren zum Mittagessen, ein Birnen-Bananen-Milchshake mit Nutella® für Zwischendurch oder eine verführerische Torte zum Nachmittagskaffee. Sogar Eis und Liköre verfeinert der Aufstrich mit seiner puren Cremigkeit.
Durch die Zubereitung mit dem Thermomix, sowohl mit dem TM 5 und dem TM 31, ist jedes Rezept im Nullkommanichts fertig.

mixtipp:
Lieblings-Aufläufe

112 Seiten,
Format: 17 x 24 cm,
Klappenbroschur,
durchgehend farbig bebildert,

ISBN: 978-3-96058-035-5, **9,99 €**

Jedes Kind liebt sie, jeder Erwachsene ebenso: Aufläufe, Gratins & Co. Wenn der verführerische Duft nach gebackenem Käse das Haus durchströmt, hält es niemanden mehr vor dem Fernseher. Auch das Team mixtipp kann der Versuchung aus dem Ofen nicht widerstehen und hat seine liebsten Auflaufrezepte für den Thermomix zusammengestellt. Kaum ein Gericht ist so vielfältig wie ein Auflauf. Als Kartoffelgratin, Nudel- oder Gemüseauflauf, Crumble oder Soufflé kommt er daher und erwärmt stets aufs Neue unser Gemüt. Ob ein herzhafter Kürbisauflauf mit Speck oder ein süßes Nusssoufflé, ein exotisches Kokosgratin mit Kardamom oder Lasagne mal anders - für jedes Leckermaul wird sich in diesem Rezeptband etwas finden.

mixtipp:
Lieblingsrezepte der
Sandra Backwinkel

128 Seiten,
Format: 17 x 24 cm,
Klappenbroschur,
durchgehend farbig bebildert,

ISBN: 978-3-96058-037-9, **9,99 €**

Sandra Backwinkel, das ist doch die charmante Youtuberin und Bloggerin, die schon über 100 Rezeptvideos ins Netz gestellt hat! Gemeinsam mit dem Team mixtipp bringt sie nun ihr erstes Kochbuch heraus: Hier erwartet dich eine bunte Mischung aus alltagstauglichen Leckereien wie Suppen, Desserts und Salaten, aber auch Hauptgerichte, Smoothies, Dips, Konfitüren und Brot dürfen hier nicht fehlen!
Mit Rezepten wie Balsamico-Linsen, Grüner Smoothie, Eiweißbrot, Laugenbrötchen, Chicken Tikka Masala und Bircher Müsli hat die Langeweile keine Chance. Wenn es zwischendurch mal etwas Süßes sein darf, dann verwöhne dich mit Oreo-Keks-Eis, gebrannten Mandeln oder einer leckeren Schokomousse. Wie immer sind die Rezepte sowohl mit dem TM 31 als auch mit TM 5 zuzubereiten. Viel Spaß beim Nachkochen!

LEMPERTZ

Gratis-Exemplar sichern!

Sichern Sie sich zum Kennenlernen der MIXX-Zeitschrift jetzt ein Gratis-Exemplar im Wert von 4,90 €!

Name

Vorname

Adresse

☐ Ja, schicken Sie mir Ihren kostenlosen E-Mail-Newsletter und halten Sie mich über Neuheiten und Sonderangebote des Heel-Verlags auf dem Laufenden!

E-Mail-Adresse

Ihre Daten werden von der HEEL Verlag GmbH gespeichert, um Ihnen Informationen aus unserem Verlagsprogramm zukommen zu lassen. Ihnen entstehen weder Kosten noch Verpflichtungen. Sie können sich jederzeit vom Newsletter abmelden.

Datum

Unterschrift

Teilnahmebedingungen: Dieser Gutschein ist nur auf postalischem Weg einzulösen.
Pro Person nur ein Gutschein gültig

HEEL Verlag GmbH, MIXX-Redaktion, Pottscheidt 1, 53639 Königswinter
Tel.: 02223/9230-0, Fax: 02223/9230-13/26, www.heel-verlag.de